世界に誇る

# 神国日本文化の輝き

建築・工芸・芸能

Iwasaki Masaya
岩崎正彌

# 建築・工芸・芸能

| 書院 | 数寄屋《すきや》 | 草庵茶室 |
|---|---|---|
| 二条城・二の丸御殿 | 桂離宮《かつらりきゅう》<br>（宮内庁HPより） | 今日庵《こんにちあん》・又隠《ゆういん》 |

| 漆器《しっき》（蒔絵《まきえ》） | | | 漆器（塗《ぬり》） |
|---|---|---|---|
| 初音《はつね》蒔絵《まきえ》貝桶《かいおけ》<br>徳川美術館蔵 | 塩山《しおのやま》蒔絵《まきえ》硯箱《すずりばこ》（写し）<br>象彦作 | 秋草《あきくさ》蒔絵《まきえ》天目台《てんもくだい》<br>高台寺蔵 | 利休形棗《りきゅうがたなつめ》<br>十三代目 中村宗哲作 |

| 六古窯《ろっこよう》 | 志野《しの》 | 樂《らく》 | 京焼 | 有田焼 |
|---|---|---|---|---|
| 信楽《しがらき》：自然釉刻文大壺《しぜんゆうこくもんおおつぼ》<br>東京国立博物館蔵 | 銘 卯花墻《うのはながき》<br>三井記念美術館蔵 | 銘 面影《おもかげ》<br>樂家初代長次郎作・樂美術館蔵 | 色絵《いろえ》竜田川文透彫反鉢《たつたがわもんすかしぼりそりばち》<br>尾形乾山作・岡田美術館蔵 | 色絵《いろえ》柴垣松竹梅鳥文輪花皿《しばがきしょうちくばいとりもんりんかさら》<br>柿右衛門窯蔵 |

| 狂言《きょうげん》 | 歌舞伎《かぶき》 | 文楽《ぶんらく》 |
|---|---|---|
| 棒縛《ぼうしばり》<br>野村萬斎・野村万作 | 勧進帳《かんじんちょう》<br>九代目 松本幸四郎・七代目 市川染五郎 | 本朝廿四孝《ほんちょうにじゅうしこう》<br>二代目 吉田玉男・三代目 吉田蓑助 |

# 世界に誇る　神国日本文化の輝き

## 伝統建築

| 神社 | 寺院 | 宮殿 |
|---|---|---|
| 伊勢神宮・宇治橋 | 東大寺大仏殿 | 京都御所・建礼門 |

## 伝統工芸

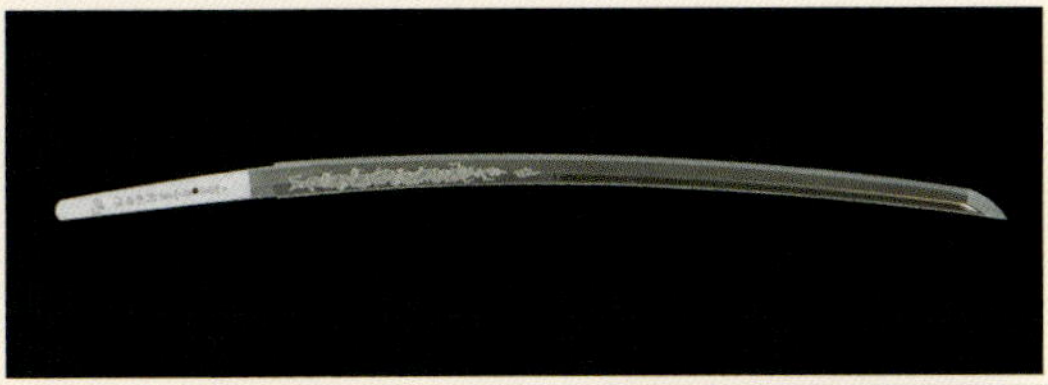

**日本刀**

月山刀《がっさんとう》

**錺金物《かざりかなもの》**

修学院中離宮客殿 長押花車
釘隠し金具　三代目 森本安之助作

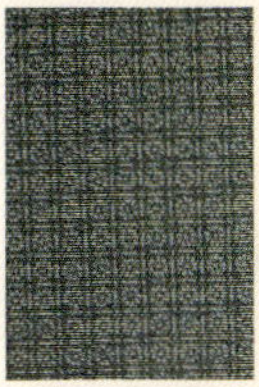

| 西陣織《にしじんおり》 | 京繍《きょうぬい》 | 京友禅《きょうゆうぜん》 | 江戸小紋《こもん》 | 芭蕉布《ばしょうふ》 |
|---|---|---|---|---|
| 吉兆亀甲《きっちょうきっこう》<br>川島織物セルコン作 | 祝舞《しゅくまい》<br>長艸敏明作 | 束《たばね》熨《の》斗《し》文様振袖《もんようふりそで》<br>千總作 | 菊格子《きくごうし》<br>小宮康孝・康正作 | 蜻蛉《アケーズ》／小鳥《トゥイグヮァー》<br>平良敏子作 |

## 伝統芸能

| 神楽《かぐら》 | 雅楽《ががく》 | 能《のう》 |
|---|---|---|
| 春日大社 | 宮内庁楽部<br>（宮内庁HPより） | 羽衣《はごろも》<br>観世清和 |

# はじめに

ここに、「神国日本文化の輝き」と題する書を世に送ることといたします。

日本は、神の物語の時代から続く、長い歴史をもった、神聖なるものに溢れた国です。海に守られ、穏やかで四季に富む国土に、万世一系の天皇を戴《いただ》き、類《たぐい》まれな悠久《ゆうきゅう》の歴史と、豊かで美しい文化を受け継ぎ、和の精神と武の覚悟を合わせた、大和魂の国、神仏に愛される国、日本。

私は、幸いにしてこの国に生まれ、この国の文化に惹《ひ》かれて、その魅力を尋《たず》ね、探し求め、学び続けてきました。そして、この国の文化の素晴らしさの秘密は、それぞれの文化に宿る「輝き」にある、と思うに至りました。

「輝き」とは、「光」であります。光とは神から発せられるものであり、仏から発せられるものであり、真善美でもありますし、浄明正直《じょうみょうせいちょく》でもあります。聖なるものであり、永遠に真理なるものであります。そして、真理は人々を善なるものへと教え導くものです。日本文化には、その一つひとつにまで「尊さ」が、「聖なるもの」が、込められているのです。私は、その善きもののすべてを、この書では万感の思いを込めて「輝き」と申し上げたいと存じます。

今、日本文化は改めてその真価が大いに見直されようとしています。日本文化の美や、日本流のおもてなしが人々を魅了し、日本文化が世界に誇るものであることが証明されつつあります。世界の人々が日本文化に憧れをもって注目しています。大勢の観光客が海外から日本に訪れつつあります。これからも増えていくことでありましょう。

この時に、まず、私たち日本人こそが、なぜ日本の文化が尊いのか、その本質である「輝き」を、正しく理解するべきであると思います。そして、その尊さの本質である「輝き」をこそ、共に語り合い、共に磨き合い、高め合い、次の世代の若い人々に伝え、国民が力を合わせて、さらに善き日本文化へと洗練させていくべきであると思います。

そして、この国の文化の「輝き」は、神仏からもたらされているが故《ゆえ》に、世界中の人々の手本ともなり、導きの手がかりともなり、世界の平和の礎《いしずえ》ともなり、世界の繁栄への智慧《ちえ》ともなりましょう。人々を、神仏の教えである真理に導く「輝き」こそ、神国日本文化の本質だからです。

幸いにして、この国に生まれた皆様と共に、神国日本文化の「輝き」を学ばせていただきたいと存じます。そしてこの「輝き」を、世界に向けて、永遠に灯《とも》し続けてゆく国としていきましょう。それが「真の日本文化の再興」の意義であると、私は考えます。

本書では、目に見えて、手に触れて、わかり易い「建築」「工芸」「芸能」の分野から、その「美」をご紹介することになりました。皆様が、日本人として、さらなる誇りと自信をもって、神国日本文化の輝きと共に、さらに幸せになっていただきますことを祈っております。そして日本人としての使命に目覚めて、さらに各分野で一層にご活躍をいただけますことを、心より祈っております。

平成二十八年四月三日　神武天皇二千六百年祭の日

伊勢・神田久志本町・皇學館大学にて

岩崎正彌《いわさきまさや》

# 世界に誇る　神国日本文化の輝き　目次

## 6 草庵茶室——茶の湯・侘び茶のための空間

## 第二章 日本の伝統工芸

ものづくり大国・日本の原点

## 2　やきもの――世界で最も多様な美意識

## 第三章　日本の伝統芸能

時代を超えて人々を魅了し続ける秘密

# 序章
# 神国日本文化の輝き

## 神国日本

本論に入る前に、最初に「神国日本」という言葉について少し解説をしておきたいと存じます。

この日本は古来、永《なが》く神国とも神州とも言われてきました。それは『古事記』および『日本書紀』に記されているとおりの物語であり、真実であります。

天地がはじめて発《ひら》けた時から、天之御中主神《あめのみなかぬしのかみ》をはじめ、幾柱もの神々が高天原《たかまがはら》に成《な》られ、そして伊耶那岐神《いざなぎのかみ》と伊耶那美神《いざなみのかみ》の二柱《ふたはしら》の神に、この国をつくる大命が下り、二柱の神によってこの国土が生まれ、あまたの神々が誕生しました。その中でも日（太陽）の神でもある天照大御神《あまてらすおおみかみ》が高天原を治めることになります。そして天照大御神はこの豊葦原瑞穂国《とよあしはらのみずほのくに》を天孫《てんそん》である瓊瓊杵尊《ににぎのみこと》に治めさせ、日向国《ひゅうがのくに》に降臨させます。その曾孫《そうそん》の神倭伊波礼毘古命《かむやまといわれひこのみこと》が東征して、大和に初代・神武天皇として即位します。

以来、皇統を継いで百二十五代となる今上《きんじょう》天皇を今日において元首として戴《いただ》く国です。本年（平成二十八年〔二〇一六年〕）は建国より数えて皇紀二千六百七十六年であります。また本年は、神武天皇が崩御されてから、二千六百年が経ったとされていま す。

したがって、この日本は、神々が創られた国であるわけです。『太神宮諸雑事記《だいじんぐうしょぞうじき》』に「本朝は神国なり」と記されているのをはじめとして、『平家物語』（巻第二「教訓状」）にも「日本は神国なり」と、また北畠親房《きたばたけちかふさ》の『神皇正統記《じんのうしょうとうき》』の冒頭に「大日本《ヤマト》は神国《かみのくに》なり」とあるのも有名です。

まず、これほどの永きにわたって一つの王朝が続いてきた国は、他のどこにもありません。今日、皇帝（Emperor）の尊称を与えられているのは、世界でただお一人、日本の天皇陛下だけです。それでは、なぜ、そのようなことがあり得たのか。それは、この国のすべての人々が、代々にわたって、君・臣・民の上から下まで、この国が神によって創られた国であると信じてきたからです。

日本という国は、天皇を親として、臣民を子とする、一つの家なのです。家族なのです。一家なのです。和を尊び、助け合い、慈しみ合う、同じ一つの言葉を使い、同じ一つの神話を信じ、同じ一つの歴史を持つ、極めて仲の良い国なのです。そして異国の人々を兄弟姉妹（＝同胞《はらから》）と思い、世界をも一つの家族（八紘一宇《はっこういちう》）と思う、たいへん心の広い、心の優しい国民なのです。

この皇国の平和と繁栄と統一の真意を込めて、ここでは「神国日本」と表現させていただいております。

## 占領軍の戦後政策の呪縛を超えて

さて、大東亜戦争において、武運拙《つたな》く、敗戦としての終結を迎えた後、連合国軍総司令部（ＧＨＱ）による占領統治・占領政策がなされました。その趣旨は「日本の弱体化」にありました。というのも、日本軍は実に勇敢で忍耐強く、手ごわかったのです。そして日本国民の連帯心、忠誠心、公共心もまた、連合軍にとっての脅威でした。そこでＧＨＱは日本が二度と連合国に刃向かってこないよう、日本を骨抜きにして弱い国にしようとしたのでした。言い換えれば、日本を日本でなくそうとしたのです。

日本精神の弱体化政策がたくさん行われました。財閥解体、農地解放、臣籍降下、神道指令、教育勅語《ちょくご》の排除、日本国憲法・教育基本法の制定など。その中でも言論検閲は、ＧＨＱの姿を表に出させずに、あたかも日本人自身の自発的な反省に基づくものと見せかける、巧妙な政策でした。この検閲方針の中に「（一七）神国日本の宣伝の禁止：日本国を神聖視し、天皇の神格性を主張する直接間接の宣伝の禁止」がありました。ＧＨＱは神国日本文化の「輝き」にあたるものを、日本人にとことん自己否定させ、懺悔《ざんげ》させていったのでした。「戦争についての罪悪感を日本人の心に植えつけるための宣伝計画」（War Guilt Information Program）があったとされています。

新聞各社はこのＧＨＱの検閲を受け、これに従い、やがて日本が七年後に主権を回復してからも、私たちはこの呪縛から抜けられなくなった模様です。戦後七十年が経って、神国日本という言葉を使うことに、もし躊躇《ためらい》や恐れがあるとしたなら、それは戦後の占領政策の呪縛のなせる業《わざ》です。

「真の日本文化の再興」のためには、まずは「神国日本」という言葉を高らかに謳《うた》おうではありませんか。それが、私たちが私たち日本の「輝き」を取り戻すために最初になすべきことと存じます。そこで、この書の冒頭に「神国日本」という言葉を掲げさせていただきました。

## 文化という言葉の意味

さて、これより日本文化について詳しくお話をさせていただく前に、「文化」という言葉について、思うところを述べさせていただきたいと存じます。

改めて「文化」とは何か。辞書を引くと「③人間が自然に手を加えて形成してきた物心両面の成果。衣食住をはじめ技術・学問・芸術・道徳・宗教・政治など生活形成の様式と内容とを含む」とあります（新村出編『広辞苑』〔第五版〕）。今日、私たちが使っている「文化」という言葉は、とても幅広い範囲の生活様式を含んでいます。また「②世の中が開けて生活が便利になること。文明開化」ともあります。

ところで私は、「文化」の持つもう一つの、より根元的な意味に注目したいと思います。それは「①文徳で民を教化すること」という意味です。文徳とは「学問によって教化し、人を心服させる徳」とあります。その徳とは「①道をさとった立派な行為。善い行いをする性格。身についた品性。道徳・徳性・人徳・美徳。②人を感化する人格の力。めぐみ。神仏の加護」とあります。また「文」とは「⑥武に対して、学問・

学芸・文学・芸術」とあります。これらは、私がこの書で言うところの「輝き」にあたる美徳の数々です。

「文化」とは、そもそもは人々を善に導く「輝き」であったのです。神国日本の「文化」にあっては一層に、なおさらに、国民を善導する「輝き」に満ちたものであるべきです。

これを再認識とするならば、私たちは私たちの文化を、けっして風潮や時流に任せたままにしてはいけません。私たちは私たちの文化を、正しく人々を善導するものになるようにと、軌道を修正していかなければならないと思います。国民の貴重な時間を無駄に浪費させ、精神を堕落させ、残虐にし、知性を幼稚化させるものについては、大いに警戒をし、これを遠ざけ補正をしていくべきであります。

私たちは私たちの文化を、より善きものにつくり上げてゆくことができる国民であると、私は信じています。そして、私が伝統文化を語る時、その善導の「輝き」をもって、現代の文化を少しでもより善きものに改善・創造していこうとの祈りを込めているのです。

## 伝統を学ぶ意義

では、どのようにしたら文化を正しい善なるものに導くことができるのでしょうか。第一には、神仏の教えを学び、神仏の願いを忖度《そんたく》し、善悪を弁《わきま》え、ひたすらに善なるものを求め、悪なるものを遠ざける態度、真理を学ぶ態度が大切です。これは、それぞれの信仰によって、学びとられていく倫理・道徳であろうと存じます。

次善の策としては、自国の伝統文化を学ぶ態度が大切です。自国の歴史と文学と精神をよく学び、よく嗜《たしな》むことです。そして可能であれば、何か一芸に入門して、師匠の下で稽古を重ね、修行を経て、その道の中に込められた智慧《ちえ》や規範を、実践を通じて受け継ぐことです。それによって文化を善なるものへ導くための大きな理解を得ることができます。

伝統文化とは、それぞれの分野の人々が体得した智慧の結晶を、次世代に継承していくことです。伝統とは、古いから尊いのではなく、その智慧が輝いているからこそ尊いのです。かけがえのない価値であるから、次の世代に受け継がれてきたのです。

そして、このように洗練された文化は、人々を徳高き人に導くのです。強く美しい日本人をつくってきたのです。三千年にも及ぼうとする神国日本の伝統文化を学ぶことの真意は、三千年の日本人の智慧を受け継ぐことなのです。実は、日本の歴史はもっともっと長いと思われます。その長い伝統文化を学ぶことで、私たちは永い日本民族の智慧とともに、永遠の真理とともに、生きていく喜びを得るのです。まるで寿命が延びたような喜び、日本の文化とともに、永遠に生き続けていくような喜びを感じるのです。これが、日本人として生きる幸せの神秘です。

いずれにしても、国際化と情報化の進む現代において、ますますそれぞれの国の文化が問われる場面が増えていきます。「日本人ならこの国際問題をどのように解決するのか」が問われる時にこそ、日本の伝統文化に込められた日本民族の智慧が輝くのです。そのためにこそ、私たちは自国の伝統文化を学んでおかなければならないのです。

## 建築と工芸と芸能を語る

さて私は、大学の授業で、日本の伝統建築、伝統工芸、伝統芸能に関する授業を担当させていただいております。さらには日本礼法論・文化政策論についても講義をさせていただいております。このように幅広い分野を講義させていただいている者は、珍しいのではないかと思われます。分野を超えて学ばせていただくことによってこそ、見えてくる日本文化の本質の姿があります。それぞれは関連しており、それぞれの真理は通底しており、その「美」と「心」は繋《つな》がっているからです。それこそが神国日本文化の輝きを知る旅の見所でもあります。

さあ、それでは入門編として、これから、日本の伝統建築・伝統工芸・伝統芸能を学ぶ旅に、皆様をご案内いたしましょう。勘所に的を絞った、わかり易い、そして楽しい解説に努めていきたく存じます。旅の案内役は私、岩崎正彌《いわさきまさや》です。どうぞよろしくお願い申し上げます。それでは、まずは「日本人の心のふるさと」伊勢に向かって出発です。

# 第一章

# 日本の伝統建築

——日本人らしさを育んだ空間

建築には、その時代の人々の文化や慣習、思想などが反映されています。ですから、「当時の人々は、どのような思いで建て、どのように生活していたのか」ということについて思いを馳せながら、建築に込められた日本文化の真意を学んでいくことが、伝統建築の魅力を知るうえで大切なこととなります。その中で、日本建築のどこが世界の中で特有のものであるのかが浮き彫りになってくるでしょう。

# 1 神社建築

## 古代の様式を伝える伊勢神宮

### 伊勢神宮の由来

日本の伝統建築の魅力を考える時、まずは伊勢の「神宮」を紹介しないわけにはいきません。ここに日本建築の原点があるからです。

いわゆる伊勢神宮というのは通称で、正式には「神宮」と申し上げます。

神宮は、高天原《たかまがはら》の主宰神であり、皇室の祖神《そしん》である天照大御神《あまてらすおおみかみ》を祀《まつ》る「皇大神宮《こうたいじんぐう》」（内宮《ないくう》）、および天照大御神の食事を司る豊受大神《とようけのおおかみ》を祀る「豊受大神宮」（外宮《げくう》）という二つの正殿を中心に、別宮《べつぐう》、摂社《せっしゃ》、末《まっ》社《しゃ》を合わせて、百二十五社で構成されています。

この神宮が創建されたのは、今から約二千年前です。その由来は、『日本書紀』の中に記されています。

第十代崇神《すじん》天皇は、かつて天照大御神が天孫《てんそん》・瓊《に》瓊杵尊《にぎのみこと》に授けた八咫鏡《やたのかがみ》（三種の神器の一つ）を、自身が住む御殿にお祀りすることを畏《おそ》れ多いこととされ、別の場所で祀ることにします。そこで、皇女の豊鍬入姫命《とよすきいりひめのみこと》に鏡を持たせ、ふさわしい場所を探させました。豊鍬入姫命は、倭《やまと》の笠縫邑《かさぬいのむら》に八咫鏡を祀りました。そして、その役を引き継いだのが、第十一

伊勢神宮（皇大神宮）
太古の昔と同じ建築様式で建てられている。

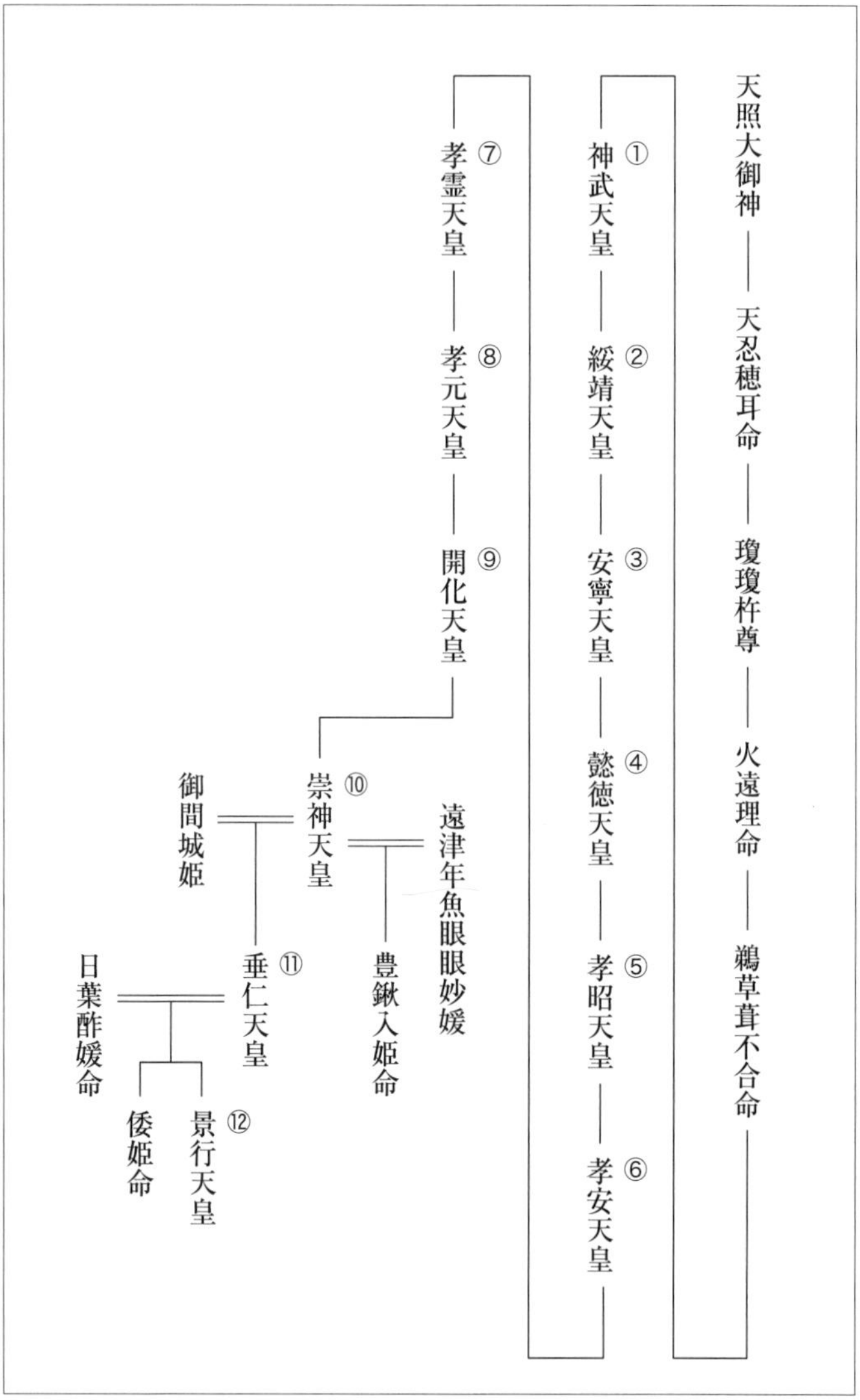
天照大御神
天忍穂耳命
瓊瓊杵尊
火遠理命
鵜草葺不合命
①神武天皇
②綏靖天皇
③安寧天皇
④懿徳天皇
⑤孝昭天皇
⑥孝安天皇
⑦孝霊天皇
⑧孝元天皇
⑨開化天皇
遠津年魚眼眼妙媛
⑩崇神天皇
御間城姫
豊鍬入姫命
⑪垂仁天皇
日葉酢媛命
⑫景行天皇
倭姫命

歴代天皇の系図

代垂仁《すいにん》天皇の皇女の倭姫命《やまとひめのみこと》です。倭姫命は、天照大御神によりふさわしい場所を求めて、天照大御神の御杖代《みつえしろ》●となって近江《おうみ》や美濃などの諸国を巡り、伊勢の国に入った時、次のような神託を受けます。

**是《こ》の神風《かみかぜ》の伊勢国《いせのくに》は　常世《とこよ》の浪《なみ》の重浪帰《しきなみよ》する国《くに》なり**
**傍国《かたくに》の可怜国《うましくに》なり　この国《くに》に居《お》らむと欲《おも》ふ**

「この神風の伊勢国は、常世の波がしきりに打ち寄せる国である。大和の傍らにある国で、美しいよい国だ。この国にいたいと思う」という意味です。こうして伊勢の地に天照大御神をお祀りすることになったのです。

### 唯一神明造《ゆいいつしんめいづく》りの特徴

そして、宝鏡・八咫鏡を祀るべく伊勢の地に建てられた社《やしろ》が、皇大神宮の正殿です。この正殿は、「唯一神明造《ゆいいつしんめいづく》り」と呼ばれる建築様式になっています。高床式の御殿で

●御杖代　大神・天皇などに、その杖代わりとなって奉仕する者。多く、伊勢神宮の斎宮《さいぐう》にいう。

あり、屋根は萱《かや》（ススキ）で葺《ふ》かれ、千木《ちぎ》と鰹木《かつおぎ》が載っています。千木と鰹木は、今日では神社の象徴のような存在になっています。

千木は、破風《はふ》の板を二本長めにつくり、屋根の頂点でX字に交差させ、屋根の上に突き出すことで形づくられています。時代が下ると、ほかの神社では、破風を屋根の上に突き出すことはなくなり、破風とは別の木材をX字に組み合わせ、それを飾りとして屋根に置く形（いわゆる置千木《おきちぎ》）になっていきますが、伊勢の神宮では、破風をX字に組み合わせるという、古代の姿を今に伝えています。

それから、柱が地面に直接埋めて立てられていることも特徴です。これを掘立柱《ほったてばしら》といいます。現代では、礎石やコンクリート製の基礎の上に柱を立てるのが主流です。もちろん、そのようにしたほうが根腐れは少ないのですが、神宮ではこの古い形をずっと守っています。

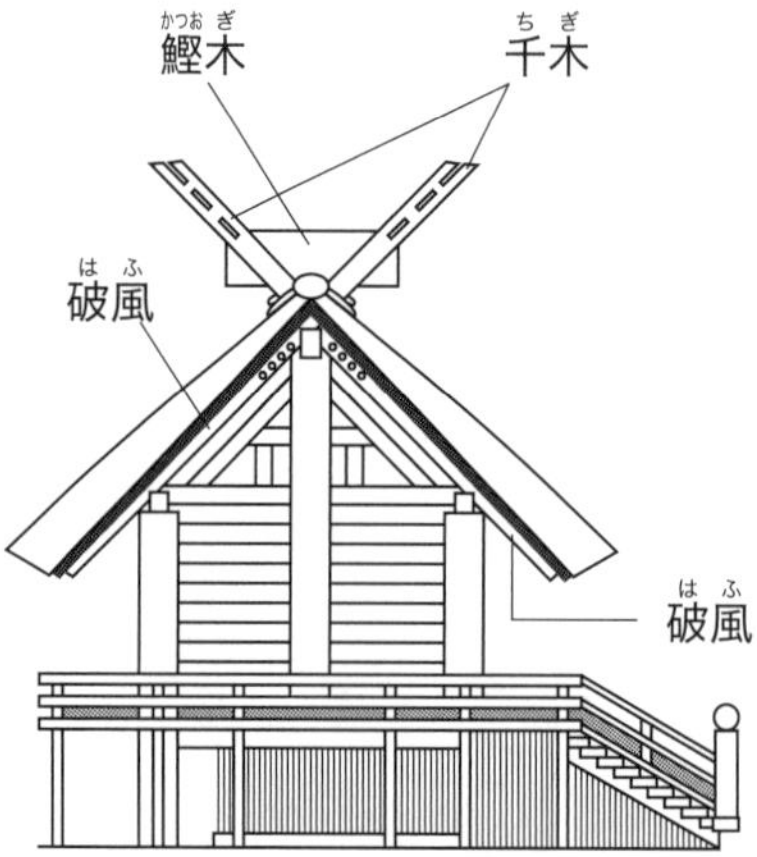

唯一神明造り（側面）

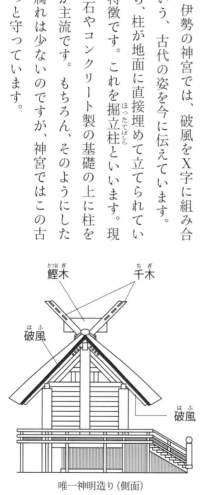

## なぜ檜《ひのき》の白木《しらき》造りが尊ばれたのか

皇大神宮をはじめ、神宮の百二十五の社は、すべて日本檜《ひのき》を素材としています。柱や梁《はり》、床や扉など、すべて白木《しらき》の檜でつくられています。白木とは、皮を削っただけで、何も塗っていない素地のままの木材のことです。

その理由は、まず、檜の白木造りがともかくも美しいからでしょう。鉋《かんな》で仕上げられた檜の表面には光沢があり、最初は、太陽の光を受けて白く金色に光っています。また、白木の檜からは芳しい香りがいつまでも発せられています。実に神々しい雰囲気を漂わせた、気品のある材料です。

その輝きは、神道の求める「浄明正直《じょうみょうせいちょく》」（きよく、あかるく、ただしく、なおく）の精神に通じるものです。日本の神社の一部には、丹《に》塗りや朱塗り、時に黒々とした漆《うるし》塗り（真塗《しんぬり》）が施されることがあります。魔除けのためとも、保護のためとも、荘厳《しょうごん》のためとも解釈されています。それでも多くの神社の社では、檜の白木造りが尊ばれています。それは、新造営の時の清らかさ、明るさ、年月を経ても変わらぬ正しさ、素直さが、尊ばれているためと思われます。

二点目に、檜は、建築材としての特性においても非常に優れています。ほかの樹木に比べて成長が遅い分、目が詰まっていて耐久力が高いのです。伐採してから二百年間は強度が増していき、その後、逓減《ていげん》していきますが、千年後にも伐採時と同様の強度を保つと言われています。しかも、程よい固さであるので加工しやすく、程よい重さなので運びやすく、乾燥しやすいので、乾燥させた後の寸法の狂いも少ないとされています。

こうしたことから、神々を迎えるのにふさわしい建築材として、檜の、それも白木造りが選ばれたのでしょう。私には、大和の神々が檜の白木造りをお選びになったかのようにも感じられます。

また、故《ゆえ》にこそと言うべきか、日本に生まれ育った私たちは、その檜の白木造りが、年月に従って風雨にさらされ、だんだんとその色合いを落ち着かせ、ゆっくりと色褪《あ》せ、やがて古色を帯び、錆《さ》びていくその姿を、いとおしく感じ、その風情を深く味わうのだと思います。やがては寺院においても、極彩色で飾られた柱などを無闇に塗り直すことを控え、風雪のなせるままに任せるようになります。ここに、「あはれ」「寂《さ》び」「侘《わ》び」などの日本の美意識の源流があるのではないかと思われます。

## 太古の姿を今に伝える伊勢神宮

この神宮の姿は、古代の姿そのままに、二十年に一回、新たに造り直される式年遷宮《しきねんせんぐう》によって、現在にまで伝えられてきました。

伊勢の神宮では、それぞれの宮に二つの敷地を整え、片方の敷地に社殿を築き、そして二十年後に隣の敷地に新しい社殿を築いて、神様にお遷《うつ》りいただくのです。その後、それまでの社殿は解体され、跡地は更地に戻り、そこは古殿地《こでんち》と呼ばれます。再び二十年後には、そこに新しい社殿を建てるのです。

この式年遷宮は、天武天皇が発意《ほつい》され、持統天皇四

古殿地《こでんち》↑　↑新宮《にいみや》

御遷宮を終えた皇大神宮別宮「倭姫宮《やまとひめのみや》」

年（六九〇年）に始まったとされています。戦国時代に百二十年ほどの延期がありましたが、千三百余年にわたって「皇家《こうか》第一の重事《じゅうじ》」として続けられてきました。

天皇陛下をはじめ、国内の多くの人々が心を合わせて、新しい社殿を造営し、そこに神々が遷られることによって、神々の神威は若返ります。常に若い、常若《とこわか》の光をもって、次の二十年のこの国を照らしていただくこととなります。

したがって、式年遷宮は、天照大御神の治《し》らす神の国・日本が永遠に栄えていくことを祈って始められたことは間違いないでしょう。これは、「祭祀」「信仰」「技術」を永遠に継承していく仕組みであるのです。

平成二十四年（二〇一二年）十月、第六十二回目となる式年遷宮が厳《おごそ》かに行われました。私は、正殿の敷地に白い石を敷き詰める「御白石持《おしらいしも》ち行事」に立ち会わせていただきました。白木の檜からなる新しい社は黄金のように光り輝いていて、神々しく、私はとても感動しました。おそらく古代の人も新造営の御殿に見たであろう神の光を、私たちも現代において見ることができ、そして将来も見ることができるのです。それが、伊勢の神宮の式年遷宮における日本建築の奇跡だと思います。

私たちは、千三百年以前の社の姿を目にすることができ、昔と変わらない祈りを捧げることができます。千年以上も前の祭祀と信仰と技術が継承され、生きた姿で今日に至る宗教建築・宗教文化というものは、世界のどこにもありません。日本が世界に誇れるものの一つであります。

また、式年遷宮はなぜ二十年周期なのでしょうか。さまざまな理由が挙げられています。まずは萱葺《かやぶ》き屋根の葺き替えに適した年月であり、掘立柱の足元をはじめ、その他の雨ざらしの部分の寿命に関わる年月であろうかと思われます。それにしても、「社殿の造営」および「神々への奉納品である御装束神宝《おんしょうぞくしんぽう》の調製」に関わる職人にとっては、祖父から父へ、父から子へと、世代を超えて、その高度な技術が受け継がれていくにふさわしい年月でもありましょう。古式を重んじる式年遷宮では、調査研究によって、さらに古式の姿が解明された折には、その姿に戻すことも試みられています。

## 本殿と拝殿の違い

ところで、社殿を建てる以前は、どのように祭祀は行われたのでしょうか。それよりさかのぼる遥か以前は、神の鎮《しず》まり坐《ま》します霊域に、たとえば、山の奥深くの霊域の●磐座《いわくら》に●神籬《ひもろぎ》を立て、注連縄《しめなわ》をめぐらし、祭祀を行ったのが、原初の姿であっただろうと思われます。

やがて、その霊域への入口にその印《しるし》として鳥居《とりい》を立てて結界《けっかい》を築き、神域の神前に祭祀のための庭を設け、そこで、人々が神に祝詞《のりと》を奏上し、神《しん》饌《せん》（供物《くもつ》）を捧げ、神楽《かぐら》を奉納するという祭祀が行われていったのでしょう。この形式は「庭上《ていじょう》祭祀」と呼ばれ、現在でも伊勢の神宮では、社殿はありながらも、庭の上で行うこの古式に則って、祭祀が行われています。

太古の昔は、神を迎える「社殿」もなく、祈る人のための「拝殿」もなかったのです。今でも大神《おおみわ》神社（奈良県）では、三輪山《みわやま》そのものが御神体であり、御神体である山を拝礼するための拝殿はありますが、普通の神社にあるべき本殿はありません。また、海上に立つ大鳥居で有名な厳島《いつくしま》神社（広島県）も、厳島そのものが御神体です。かつ

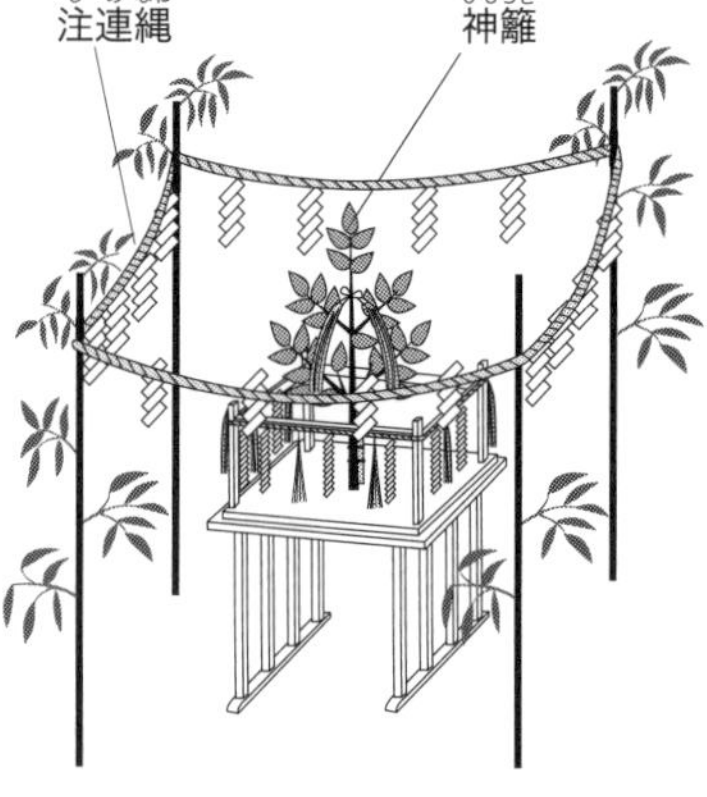


●**磐座**　神が鎮座する場所。巨岩であることが多い。
●**神籬**　神事を行う際、神霊を招き降ろすために立てた、榊などの常緑樹のこと。

て人々は神を畏れてその島には上陸せず、対岸から、あるいは船に乗って海から参拝したと伝えられています。

やがて、社殿を建て、●依《よ》り代《しろ》（鏡など）に神々を迎え、これに向かって祭祀を行うようになっていきます。これであれば、荒天の時であっても祭祀を行うことができます。また、社殿を立派に築くことは神威《しんい》を高めることにもなります。

この依り代を安置する建物を「本殿」とし、次には、世俗の人々が拝礼するための「拝殿」がつくられていきます。こうして神社の形式は整えられていったのです。

国の守護神として、津々浦々の氏神《うじがみ》として神々は祀られていきました。神社を取り囲む森は「鎮守《ちんじゅ》の森」と呼ばれ、時代を超えて、その共同体の人々にとって重要な聖域でありました。そこは太古の信仰の姿が残されている日本の原風景となっています。そして、今も大和の神々がお住まいになっている聖域なのです。

厳島神社と厳島

大神神社の大鳥居と三輪山

**●依り代**　神霊が依りつくもの。神道では、森羅万象に神霊が宿るとされるため、あらゆるものが依り代になりうる。

# 2 宮殿

## なぜ天皇の住まいは無防備なのか

### 最初は天皇一代ごとに遷都されていた

古代においては、天皇の住まいである宮殿が政治の中心であり、天皇が代わるたびに宮殿も新たに造営されていました。『古事記』および『日本書紀』には、それぞれの天皇の政《まつりごと》が行われた宮殿の名が記されています（次頁表参照）。

天皇が代わるということは、御世《みよ》（治世）が代わるということです。そのため、政《まつりごと》を行う宮殿もまた、新たな地に新たに築かれたのです。それに伴い、諸官庁や蔵なども、その都度、新たに造営されたものと思われます。

しかし、それは、規模の限られた小さな政府であればこそ可能であったと言えるでしょう。やがて時代が下り、行政機構が拡大してくると、都を一つに定め、代替わりにかかわらず、一カ所で継続的に政務を行っていくことが検討されるようになりまし

| 代 | 天　皇 | 宮　殿 | 所　在　地 |
|---|---|---|---|
| 1 | 神武天皇 | 畝傍の白檮原宮 | 奈良県橿原市畝傍町 |
| 2 | 綏靖天皇 | 葛城の高岡宮 | 奈良県御所市森脇 |
| 3 | 安寧天皇 | 片塩の浮穴宮 | 奈良県大和高田市片塩町 |
| 4 | 懿徳天皇 | 軽の境岡宮 | 奈良県橿原市大軽町 |
| 5 | 孝昭天皇 | 葛城の掖上宮 | 奈良県御所市東北部 |
| 6 | 孝安天皇 | 葛城の室の秋津島宮 | 奈良県御所市室の宮山の東麓 |
| 7 | 孝霊天皇 | 黒田の廬戸宮 | 奈良県磯城郡田原本町黒田 |
| 8 | 孝元天皇 | 軽の堺原宮 | 奈良県橿原市大軽町 |
| 9 | 開化天皇 | 春日の伊耶河宮 | 奈良県奈良市本子守町の率川神社 |
| 10 | 崇神天皇 | 師木の水垣宮 | 奈良県桜井市金屋 |
| 11 | 垂仁天皇 | 師木の玉垣宮 | 奈良県桜井市穴師 |
| 12 | 景行天皇 | 纏向の日代宮 | 奈良県桜井市穴師 |
| 13 | 成務天皇 | 志賀の高穴穂宮 | 滋賀県大津市穴太 |
| 14 | 仲哀天皇 | 穴門の豊浦宮<br>筑紫の訶志比宮 | 山口県下関市長府豊浦町<br>福岡県福岡市東区香椎 |
| 15 | 応神天皇 | 軽島の明宮 | 奈良県橿原市大軽町 |
| 16 | 仁徳天皇 | 難波の高津宮 | 大阪府大阪市中央区法円坂 |
| 17 | 履中天皇 | 伊波礼の若桜宮 | 奈良県桜井市池之内 |
| 18 | 反正天皇 | 多治比の柴垣宮 | 大阪府松原市上田の芝籬神社 |
| 19 | 允恭天皇 | 遠飛鳥宮 | 奈良県高市郡明日香村飛鳥 |
| 20 | 安康天皇 | 石上の穴穂宮 | 奈良県天理市田町 |
| 21 | 雄略天皇 | 長谷の朝倉宮 | 奈良県桜井市脇本か |
| 22 | 清寧天皇 | 伊波礼の甕栗宮 | 所在不詳 |
| 23 | 顕宗天皇 | 近飛鳥宮 | 所在不詳 |
| 24 | 仁賢天皇 | 石上の広高宮 | 奈良県天理市 |
| 25 | 武烈天皇 | 長谷の列木宮 | 奈良県桜井市出雲か |
| 26 | 継体天皇 | 伊波礼の玉穂宮 | 奈良県桜井市池之内か |
| 27 | 安閑天皇 | 勾の金箸宮 | 奈良県橿原市曲川町 |
| 28 | 宣化天皇 | 檜坰の廬入野宮 | 奈良県高市郡明日香村檜前 |
| 29 | 欽明天皇 | 師木島の大宮 | 奈良県桜井市外山 |
| 30 | 敏達天皇 | 他田宮 | 奈良県桜井市戒重 |
| 31 | 用明天皇 | 池辺宮 | 奈良県桜井市阿部 |
| 32 | 崇峻天皇 | 倉橋の柴垣宮 | 奈良県桜井市倉橋 |
| 33 | 推古天皇 | 小治田宮 | 奈良県高市郡明日香村雷 |

た。また、六世紀に入ると、中国大陸に「隋《ずい》」という大帝国が誕生し、日本は国防上の危機を感じるようになりました。隋の首都・長安《ちょうあん》と対抗できるような、立派な都づくりをする必要が出てきたのです。

その嚆矢《こうし》が、持統天皇八年（六九四年）、飛鳥浄御原宮《あすかのきよみはらのみや》から遷都した「藤原京」です。それ以降、平城京、大津京、恭仁京《くにきょう》、紫香楽京《しがらきのみや》、長岡京と試行が繰り返された後、「平安京」が完成していくことになります。

## 堀や城壁で囲まれていない日本の都

日本の都が、外国のものと大きく異なっている点があることをご存じでしょうか。それは、周囲が城壁や堀に囲まれていないということです。ヨーロッパでも中国でも大きな堀や高い城壁などで囲まれていますが、日本の場合、土塀で囲まれている程度で、敵から襲われることがまったく想定されていないのです。これは、日本国内がほぼ平穏に統治されていたことの証拠です。

古代、民は「おおみたから」と呼ばれていました。『日本書紀』によれば、神武天皇は即位に当たり建国の詔《みことのり》を発され、その中で、「恭《つつし》みて寶位《たかみくら》に臨みて、元元《おおみたから》を鎮《しづ》むべし」（謹んで高御座《たかみくら》に即位して、大御宝《おおみたから》〔国民〕の魂を治めよう）と誓っています。以来、歴代の天皇は民を宝として慈しんできたのであり、「自分の身を守ろう」などという発想はなかったわけです（ただし、海外からの侵略に対する防衛は当然、意識していました。九州に大宰府《だざいふ》を置き、国防軍である防人《さきもり》を配備しています）。

また、臣下や民にも、朝廷を脅《おびや》かす者はほとんど出てきませんでした。江戸時代の国学者、本居宣長《もとおりのりなが》の著作『直毘霊《なおびのみたま》』の冒頭には、次のように記されています（現代語訳）。

この国は、口に出して言うことも恐れ多い神のご祖

堀がなく土塀で囲まれているだけの京都御所

先に当たる天照大御神がお生まれになった国であって、多くの国と比べて優れている理由は、何よりも先に、この点において顕著である。（中略）天の雲が向こうに横たわる限界の地や、ひきがえるが移動していく極地までが、子孫である天皇がお治めになる国と決まって、世の中には乱暴に振る舞う神もなく、服従しない人もなく。幾万の御代を経たとしても、だれという家来が天皇に叛逆申し上げるだろうか、そんなことはないだろう。

つまり、「この国は、天照大御神の子孫である天皇が治めている国であり、その天皇に従わない者は一人もいないだろう」ということです。これが、古《いにしえ》の人々の皇室に対する感覚であったのです。事実、源頼朝は、政治の実権を握り、鎌倉幕府を開きましたが、皇室を滅ぼそうとはしませんでした。室町幕府も然り、徳川幕府も然りであります。

そもそも武士は、天皇を守る皇軍《こうぐん》として誕生したものです。日本における武士の本分は、神国日本を護持することにありました。

武家の統領と言えば、清和源氏と桓武平氏が有名です。「源」や「平」という氏《うじ》は、皇族が臣下の籍に降りる（臣籍降下）時に天皇から賜わったものです。両氏とも皇室の末裔であり、清和源氏は清和天皇、桓武平氏は桓武天皇の子孫です。そして、もともとは天皇から官位をいただく軍事貴族（軍事を専門に行う貴族）であったのです。したがって、日本の歴史において、天皇に弓を引く武士は出てきませんでしたし、それを疑われるような傲慢な武士は必ず滅ぼされています。

日本の歴史は、飛鳥・奈良・平安・鎌倉・室町・安土桃山・江戸・明治・大正・昭和と時代が区切られていますが、外国のような王朝の興廃は一度も起きていません。一つの王朝が連綿と続いてきました。ここに、この国の歴史の奇跡があります。私はその秘密の鍵の一つは、「武士が皇軍であった」ということにあると考えます。

現在、天皇陛下がお住まいの皇居は、かつての江戸城であるため大きな堀や土手に囲まれていますが、明治維新まで住まわれていた京都御所は、堀がなく、低い土塀で囲まれているだけです。無防備と言えば無防備ですが、そこに、皇室と国民との間にある深い絆・信頼関係を見ることができます。

## 表の顔に当たる「大内裏《だいだいり》」と奥の「内裏《だいり》」

もう一つ、日本の都の特徴について紹介しましょう。それは、和風と唐風とが見事に使い分けられているということです。

都の表の顔に当たる「羅城門《らじょうもん》」や、朝廷の諸官庁が置かれた大内裏《だいだいり》の中の「大極殿《だいごくでん》」（朝廷の正殿）などは、当時の国際的な規範であった唐風の意匠《いしょう》が採用されていました。屋根は銅緑色の碧瓦《へきがわら》が葺かれ、柱は朱色に塗られた、きらびやかな建物でした。

一方、天皇の住居である内裏の中の、天皇が儀式を行う「紫宸殿《ししんでん》」、天皇が居住する「清涼殿《せいりょうでん》」などは、屋根は優美な檜皮葺《ひわだぶき》で覆われ、柱は檜の白木造りになっていたと考えられています（江戸時代に再建された紫宸殿と清涼殿等は、現在、京都御所内で見学が可能です）。

唐風のつくりの中にも、天皇の私的空間である内裏が大和風の意匠になっていたのは、やはり、天皇というのは、大和の神々につながるご存在であり、その住まいとなる宮殿は、神社に通じるものであるからでしょう。

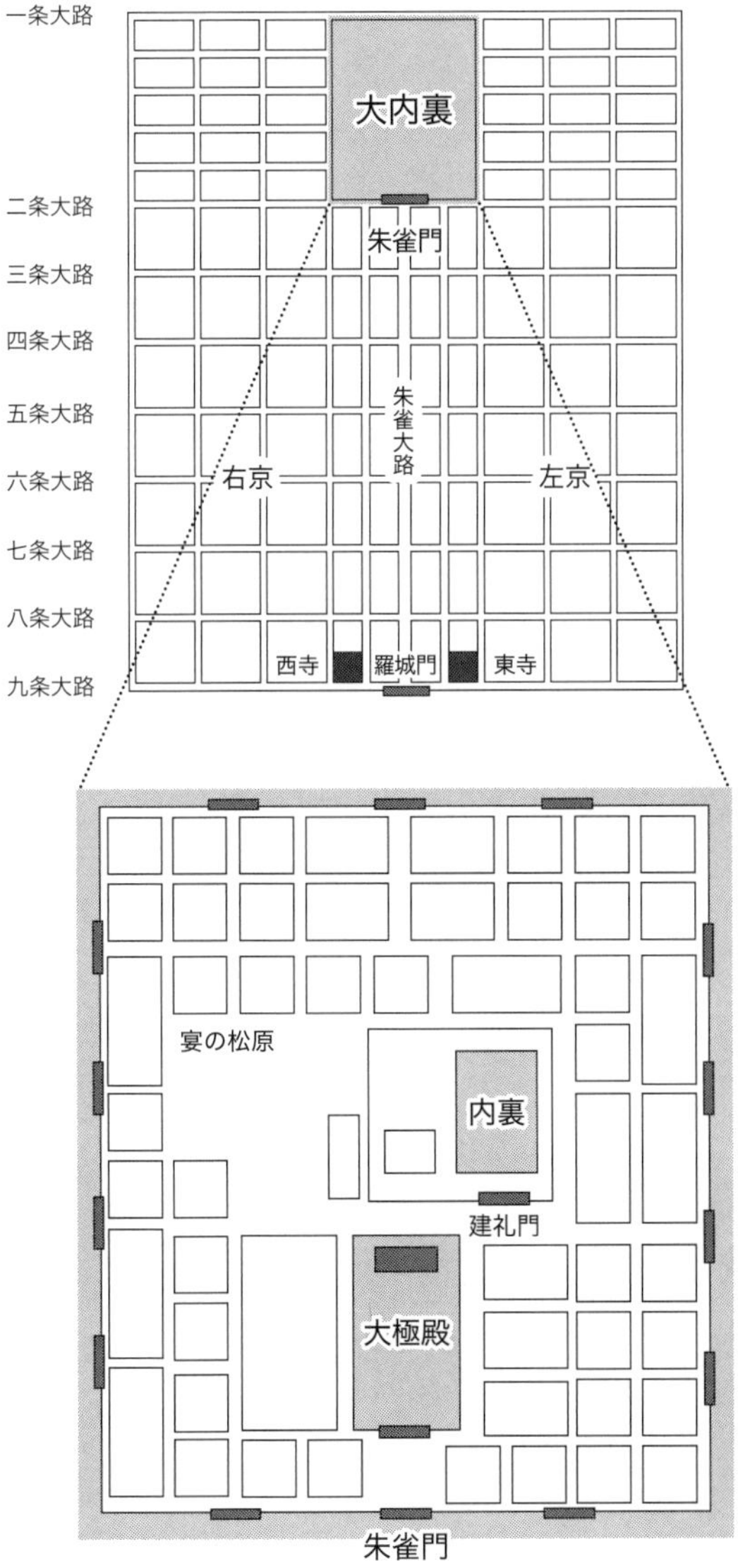


平安京の全体図（上）と大内裏の拡大図（下）

外国の文物を取り入れながらも、日本古来の精神を大切にし、両者を調和させながら発展させていく姿勢は、平安京のつくりにも見ることができます。

儀式を行う場であった紫宸殿

天皇の生活の場であった清涼殿

# 3 仏教寺院

## 世界最古と世界最大の木造建築

### 寺院の建築を担ったのは宮大工だった

三番目に、仏教寺院を取り上げたいと思います。

『日本書紀』によると、仏教伝来は、欽明《きんめい》天皇十三年（五二二年）冬十月、百済《くだら》の聖明王《せいめいおう》より釈迦仏の金銅像と経典が献上された時とされています。二十九代天皇である欽明天皇は、ことのほか喜ばれますが、臣下に「異国の仏を敬うべきか」と問います。蘇我稲目《そがのいなめ》は賛成しますが、物部尾輿《もののべのおこし》は反対します。そこで、欽明天皇は「稲目に仏像を授け、試しに拝ませてみよう」とのたまわれ、稲目は喜んで自宅に仏像を安置し、やがて●向原《むくはら》の家を浄め祓い、寺とするのです。これが日本最初の寺であり、それ以降、日本でも寺院が建立されていくことになります。

この寺院を建てていったのは、日本の「宮大工」です。当時すでに神社や宮殿をつ

**●向原**　奈良県高市郡明日香村大字豊浦。現在は、江戸時代に建立された向原寺《こうげんじ》があり、その後を引き継いでいると言われている。

くる宮大工の技は確立していました。つまり、仏教寺院としての特徴を表す意匠を取り入れながら、宮大工が施工していったものと思われます。

その証拠に、宮大工は、今日においても、神社・寺院については区別なく造営します。職人には、神社または寺院への、どちらかへの多少の得意・不得意はあるかもしれませんが、「神社だけつくる」「寺院だけつくる」という宮大工や棟梁、社寺建設会社はほとんど見当たりません。また、宮大工の建築儀式（地鎮《じちん》祭や上棟《じょうとう》祭など）はすべて神道式で行われています。仏教伝来の以前より、日本の匠《たくみ》の技と祭祀が確立されていたのです。

## 仏教寺院の特徴

仏教寺院の建築上の特徴は、まずは、軒《のき》を支える独特な「組物《くみもの》」にあります。組物は、横長の木材である「肘木《ひじき》」と、肘木を受ける正方形の「斗《ます》」から構成され、それを二重、三重と重ねることで、軒をより深く出すことが可能になりました。

それまでの日本にはない異国的な雰囲気を持つこの組物は、仏教寺院の意匠として成熟していくとともに、やがて、神社建築の一部にも採用されていきます。神社仏閣に行かれる際は、柱を見上げ、複雑で豪壮かつ、多層的な構成美が表現された組物にも注目していただきたいと思います。

また、寺院建築の特徴として、屋根の仕上材に「瓦《かわら》」が採用されていることが挙げられます。瓦は、それまでの茅葺《かやぶき》や檜皮葺《ひわだぶき》や板葺《いたぶき》に比べて耐久性に優れていますし、瓦の重さには、屋根が風によって吹き飛ばされることを防ぐ効果もありました。この瓦は、仏教とともに百済から伝来し、欽明天皇十九年（五八八年）、蘇我馬子《そがのうまこ》が建てた「飛鳥寺《あすかでら》」で初めて採用されたと言われています。

さらに、前述したように、神社建築では大地に穴を掘って直接に柱を立てる掘立式でしたが、寺院建築では石積みと版築《はんちく》（砂と粘土で突き固めたもの）によって堅牢な

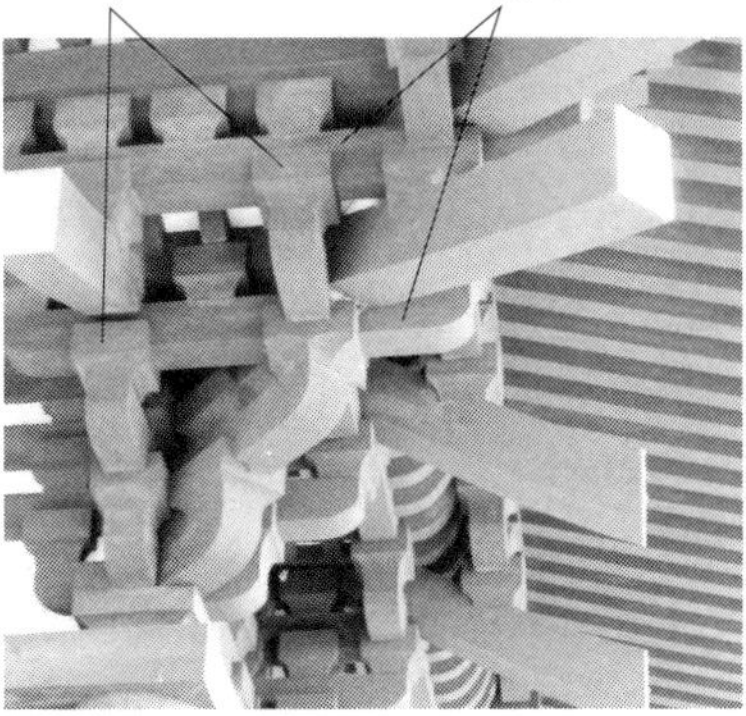

組物の例

基壇《きだん》を築き、その上に礎石を置いて、その礎石に柱を立てる形になっています。これによって柱と基礎の関係が明確になり、柱の腐敗を防ぐことができるようになりました。これは、解体修理の折に不等沈下を修正するのにも適した方法です。

寺院建築の特徴は、柱や梁などの素材の「表面仕上げ」にも表れています。神社では白木が使われてきましたが、寺院では極楽浄土などを表現する「彩色」が施されるようにもなったのです。今日、古寺では寂《さ》びた風情を愛することが多く見受けられますが、創建当初は、極彩色に飾られていた寺院もあります。それについては、後ほど、薬師寺のところでも触れたいと思います。そして、こうした彩色は神社建築にも取り入れられ、鳥居や本殿などに朱塗りを施す神社も出てきます。

もう一つ特徴を挙げると、「建物の配置」があります。仏教寺院では、本尊を安置する「金堂《こんどう》」（本堂）があり、それを護持《ごじ》するように回廊が囲み、門や塔などが築かれ、伽藍《がらん》を構成しています。伽藍とは、聖なる空間をつくるための諸堂の配置計画であり、宗派や寺院によって独自の様式が発達していきます。これは、森の中であれ、都市の中であれ、いずれの場所においても、必要な場所に人工的な聖域をつくろうとする所作であり、鎮守《ちんじゅ》の森など、自然そのものに聖なる空間を見出す神社建築との大きな違いであると言えます。

## 世界一古い木造建築「法隆寺」

古代の寺院建築の代表例としては、聖徳太子が建立した「法隆寺」があります。法隆寺は、推古天皇十五年（六〇七年）に創建され、その六十四年後に火災で焼失し、再建されたとされています。それから数えてもすでに千三百年が経過しており、現存する世界最古の木造建造物になっています。これだけの年月を経てなお、当時の姿が残されているのは、奇跡と言ってよいでしょう。

金堂には、仏師の鞍作止利《くらつくりのとり》がつくった釈迦三尊像が安置されています。周囲の外陣《げじん》の壁面に描かれた観音菩薩図や天女図には、遙か敦煌《とんこう》の莫高窟《ばっこうくつ》との同時代性が見出せるといいます。

とはいえ、法隆寺の建築群が当時の姿をそのままに今日に留めているのは、これまで、百年から二百年に一度、大がかりな修理がなされてきたことによります。

日本の木造建築は、木材を組み上げていく時、あらかじめ、将来にその逆の順番で解体し、修理することができるよう、設計・施工されています。伊勢の神宮の式年遷宮と同じく、永遠の継続を意図した智慧《ちえ》が、神宮とは異なった方法でそこに込められているのです。

木造建築は、百年以上の年月を経ると、地盤沈下や地震、風雨の影響、あるいは木材のたわみにより、構造が歪んできます。まずは小規模の修繕として、屋根瓦をすべて降ろして柱などを補正し、もう一度、瓦を葺き直します。これを何度か繰り返してもなお、建物全体の歪みが目立つようになれば、次は大規模な修理として、すべてを解体しま す。そして、基礎と礎石の状態を確認し、柱の

法隆寺(中門と五重塔)
1300年以上建ち続ける世界最古の木造建築。

根腐れがあれば、その部分に新しい木材を継ぎ足すなどして、元のとおりに組み直すのです。その際、金物《かなもの》の金鍍金《きんめっき》も施し直します。要所に打ち込まれている和釘《わくぎ》まで、鍛冶屋に打ち直させて使います。

こうした大規模な解体修理を行うことで、建物としての命をつないできたのです。

ちなみに、法隆寺には諸堂を修理・維持していくことを専業とする「法隆寺大工」と呼ばれる一族がいます。昭和の名工と称される故・西岡常一《つねかず》棟梁が、その末裔でした。西岡棟梁によると、大小の解体修理を経験しながら建設当初の技法を学び、途中の時代の修理の跡を吟味してきたそうです。現在は、唯一の内弟子であった小川三夫《みつお》氏率いる「鵤《いかるが》工舎」がその役割を継承しています。

## 五重塔はなぜ地震に強いのか

法隆寺と言えば、「五重塔」に触れないわけにはいかないでしょう。

五重塔の起源は、インドでは「ストゥーパ」と呼ばれる仏塔です。ストゥーパは、仏《ぶっ》舎利《しゃり》（釈迦の遺骨）を納める施設であり、五重塔においても、塔の中心にある「心柱《しんばしら》」

という太い柱を支える礎石に、仏舎利が納められています。

つまり、この仏舎利の上に立っている心柱こそが五重塔の本体であって、私たちが目にする外観の部分は、その覆屋《おおいや》にすぎないということです。そして、各寺の塔が高くつくられている理由は、遠くからでも、この仏舎利を拝めるようにするためであると言われています。

さて、法隆寺の五重塔は高さ三一・五メートルで、およそ十階建てのビルの高さに相当します。日本は地震大国で、千三百年の間には大きな地震が何度も襲っているにもかかわらず、一度も倒壊することなく今日に至っています。

なぜ地震に強いのでしょうか。その鍵は「柔《じゅう》構造」にあります。塔を構成する木材は、釘を使わず、交互に組み合わせることで、結合されています。固くピッチリと結合されているのではなく、柔軟に組み合わさっています。そのため、ギシギシと揺れることによって地震の力を吸収できるのです。これは、地震対策、風対策として、当時の大工によって考案されたものだと思われます。

また、塔のいちばん上から吊り下げられている「心柱」が、今でいう制振装置の役割を果たしているからだとも言われています。

ちなみに、この心柱構造は、電波塔として世界一の高さを誇る「東京スカイツリー」にも〝導入〟されています。鉄骨で組み上げられた塔の中央部には直径一〇メートルほどの空洞があり、ここに鉄筋コンクリート造りの心柱があります。これが重りとしてあることで、タワー全体の揺れが最大で約四割軽減されるのです。ただし、最初から五重塔の構造を真似たわけではなく、スカイツリーにふさわしい制振システムを追求した結果、期せずして五重塔と同じ構造に辿り着いたとのことです。

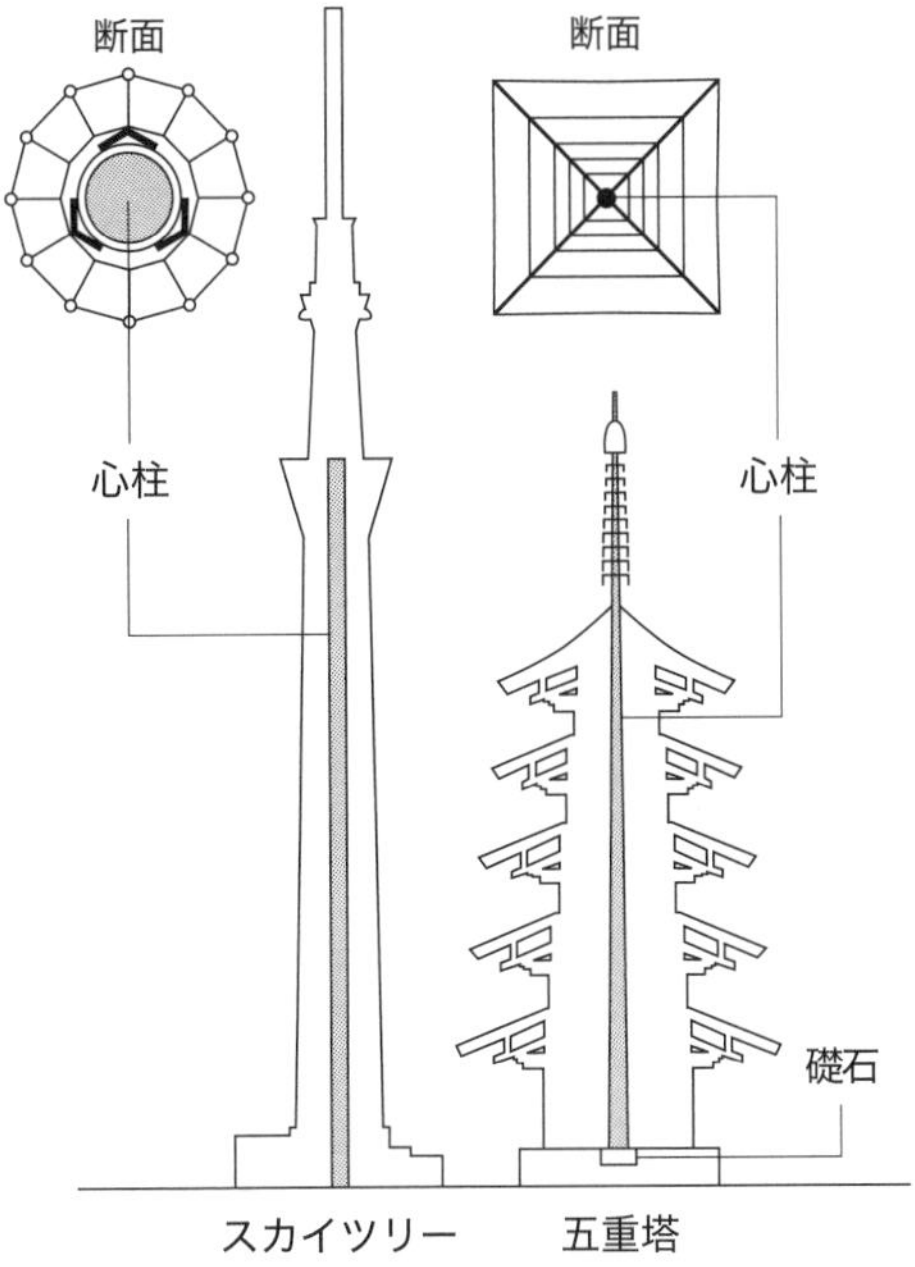

## 世界一大きな木造建築「東大寺大仏殿」

奈良には、世界最古の木造建造物だけでなく、世界最大の木造建造物（現代建築は除く）もあります。それが「東大寺大仏殿」です。

東大寺の大仏は、聖武天皇の発願により天平十五年（七四五年）に制作が始まり、七年の歳月をかけて天平勝宝《しょうほう》四年（七五二年）に完成しました。

ただし、現在、私たちが目にする大仏殿は、残念ながら創建当時のものではありません。東大寺は二度にわたって焼失し、その都度、全国的な勧進《かんじん》運動により再建されてきました。

一度目は、治承《じしょう》四年（一一八〇年）、平重衡《たいらのしげひら》の軍勢によって大仏殿をはじめ伽藍の大半が焼かれました。この際には俊乗房重源《しゅんじょうぼうちょうげん》によって復興が着手され、文治《ぶんじ》元年（一一八五年）に後白河法皇を導師として大仏の開眼《かいげん》供養が行われ、さらにその十年後の建久《けんきゅう》六年（一一九五年）に大仏殿も再建され、後鳥羽天皇、源頼朝、北条政子らが臨席して落慶法要が行われています。

ところが、永禄十年（一五六七年）に三好・松永の乱が起き、諸堂は再び灰燼《かいじん》に帰してしまいます。戦国時代の混乱の中で復興は進まず、大仏は百数十年もの間、雨ざらしだったようです。本格的な復興が始まるのは、江戸時代になってからです。公慶《こうけい》上人が諸国を勧進し、ようやく、元禄五年（一六九二年）に大仏の開眼が、そして宝永六年（一七〇九年）に大仏殿が建立されました。これが、現在の大仏殿です。

高さは約四八メートル、幅は約五七メートル、奥行は約五〇メートルの世界最大級の木造建造物ですが、天平時代の創建当時の大仏殿はもっと大きいものでした。幅は約八六メートルで、現在より約一・五倍も長かったとされています。千三百年もの昔に、

東大寺大仏殿
高さ約48m、幅約57m、奥行約50m の世界最大級の木造建築。

現代においても世界最大級となる木造建造物を建てていたというのは、驚きに値します。

また、大仏殿に鎮座する「盧舎那仏像《るしゃなぶつ》」は、高さが約一八メートルあり、金銅製の彫像としては世界最大です。

ちなみに、当初は、大仏殿の東西に七重塔が二つ建っていました。高さは、七〇から一〇〇メートルあったと推定されています。さぞ壮観だっただろうと思います。残念ながら、この七重塔は、承平《じょうへい》四年（九三四年）に落雷により西塔を焼失し、治承四年（一一八〇年）の平重衡の兵火によって東塔を焼失しています。東塔は再建されましたが、正平《しょうへい》十七年／康安《こうあん》二年（一三六二年）に落雷で再び焼失し、その後、再建されることなく今日に至っています。今は境内に基礎部分が残るのみです。

## 天平の姿が蘇った薬師寺

奈良の古刹《こさつ》として法隆寺と東大寺を紹介しましたが、もう一つ、「薬師寺」を紹介しましょう。

薬師寺は、天武天皇九年（六八〇年）、天武天皇が皇后（後の持統天皇）の病気平癒を祈って発願され、飛鳥の藤原京に創建されました。その後、平城京遷都に伴って建物は解体され、養老八年（七一八年）、現在地である奈良の西ノ京へ移築されたとされています。

当初、薬師寺は、金堂と三重塔（東塔・西塔）を中心に、広々とした大伽藍を誇っていたようです。ところが、幾多の戦乱を経て金堂と西塔は焼失。金堂は江戸時代に仮堂が建てられるも、昭和に入ると、建物は大変傷んでいました。また、西塔は再建されることなく、基壇と礎石が残されたままの状態でした。創建当時から残っていたのは、古色蒼然とした東塔だけだったわけです。

この東塔は、三重塔ながら、各層に「裳階《もこし》」という小さな屋根が付いているため、外観は六重にも見えます。この類例は一つもなく、実に不思議な建築様式です。屋根が大小大小大小とあり、上に向かって小さく、下に向かっては末広がりになるということで、旋律のような美しさがあり、「凍《こお》れる音楽」と称されることもあります。

薬師寺の場合、法隆寺とは違って、仏舎利は塔の最上部に安置されています。屋根の上に、複数の輪からなる「相輪《そうりん》」があり、さらにその上に、天人の姿が透かし彫りされた「水煙《すいえん》」という飾りが付いています。この水煙は、落雷や火災から塔を守りたいという願いを込めたものであり、この水煙に覆われた心柱最上部に、仏舎利が納められているのです。

さて、二十世紀半ばまでは、創建当時の伽藍を偲ばせるものは、この東塔だけだったのですが、ここに高田《たかだ》公胤《こういん》というお坊さんが現れ、薬師寺再建を一念発起されます。わかりやすくて面白い説法をすることで評判だった同師は、全国を駆け回って浄財を集め、そして、法隆寺

薬師寺西塔
一見、六重に見えるが、実は三重塔。

大工の西岡常一棟梁に再建を託します。

まず、昭和五十一年（一九七六年）、わずかに残された記録と遺構をもとに、金堂が復元されます。これは、白鳳時代の様式の本格的な二層の楼閣であり、柱や梁などの構造材はすべて朱塗りで、金具は金色に輝いています。

その頃、中学生だった私は、ちょうど家族旅行で薬師寺に行き、できたばかりの輝かしい金堂を目の当たりにし、驚いたことを憶えています。古都奈良と言えば、「寂びた、侘びた建物」というイメージがあったので、「とても綺麗だが、こんなに派手なのは奈良に似合わないのでは」と感じたのです。しかし、これが創建当時の本来の姿であったわけであり、白鳳・天平の寺院建築の華やかさに、認識を改めさせられました。

金堂に続き、昭和五十六年（一九八一年）には、西塔も再建されました。西塔もまた色鮮やかな建物になっています。塔の連子窓《れんじまど》には「青」が、柱や扉には「朱」（丹《に》）が使われていますが、この色使いは『万葉集』にも歌われています。

**青丹《あおに》よし　奈良の都は　咲く花の　匂うがごとく　いま盛りなり**

**（奈良の都は今、咲く花の匂いのように　真っ盛りである）**

「青丹よし」とは、「奈良」にかかる枕詞です。「匂う」は、万葉時代には「色が映える」という意味でも使われていました。つまり、平城京の華やかさを表す色使いであったのです。緑青《ろくしょう》色と朱色を基調とする色鮮やかな寺院が立ち並ぶ、奈良の都の美しさはいかばかりであったでしょうか。

以上、寺院建築として、奈良の三つの古刹を紹介しました。世界最古の「法隆寺」、世界最大級の「東大寺大仏殿」、そして、当時の姿を偲ばせる「薬師寺」は、折に触れて訪ねていただきたいものです（なお、薬師寺の東塔は現在、解体修理中です。平成三十一年〔二〇一九年〕春に修理が終わる予定です）。

# 4 寝殿造り　優雅な王朝文化が生まれた舞台

## 世界一長く都のあった「平安京」

舞台を、奈良（平城京）から京都（平安京）に移しましょう。

平安遷都を行ったのは桓武天皇です。桓武天皇は、まず平城京から北へ約四〇キロメートルの長岡京に遷都しますが、洪水や疫病などが相次ぎ、わずか十年で、現在の京都の地に都を移します。

京都は、北と東と西の三方を山に囲まれ、南に向かって緩やかな傾斜となっている広々とした土地でした。遷都の詔の中に、「方今《まさにいま》、平城之地《へいじょうのち》、四禽叶図《しきんとにかない》……」という言葉があるように、事前に陰陽師《おんみょうじ》に占わせ、「北に玄武《げんぶ》、東に青龍《せいりゅう》、南に朱雀《すざく》、西に白虎《びゃっこ》」という四神相応《しじんそうおう》の吉祥の地であると確認されたことは間違いないと思われます。

また、水はけがよく、地下には伏流水が流れ、井戸水にも恵まれた土地でもありました。

ここに、「平らかで、安らかな都であってほしい」という願いを込めて建設されたのが、平安京です。その後、延暦十三年（七九四年）から明治二年（一八六九年）まで、千七十五年間、日本の首都であり続けました。まさに京都は「千年の都」であり、世界一長きにわたって一国の首都が置かれていた都市なのです。今もって百四十七万人の人口を有する中核都市の威容を誇っています。

## 平安京の特徴

平安京は、単に唐の都・長安を手本としたのではなく、それまで畿内に造営されてきた幾つもの京（藤原京・近江京・平城京など）の造営の集大成の設計となっています。

二節で述べたとおり、都の周囲は、高い城壁で取り囲まれておらず、これは、この国には朝廷を脅かす敵がいないことを示す証拠でした。政庁が置かれた大内裏が、中心部ではなく北の端に置かれたのも、万が一の外敵襲来の際には、洛中の民を巻き込んでの籠城戦を選ばず、朝廷軍のみが北方へ転戦していくことを想定した構えです（47頁の図参照）。

地割においては、大路《おおじ》（幅八丈＝約二四メートル）や小路《こうじ》（幅四丈＝約一二メートル）で区切られた一つの区画はすべて、東西南北の向きになった正方形で、面積は一町《ちょう》（約一二〇メートル）四方となっています。平城京では、道路を先に碁盤目上に引いて、それから地割をしたため、「広い道に隣接する区画では土地が狭くなり、狭い道に隣接する区画では土地が広くなる」という不公平な状態が生じていました。それが平安京では改善され、「区画をすべて同じ広さで設定し、その外側に、必要なだけの道路幅を加える」という形になったのです。

特に威容を誇っていたのは、都の中央を南北に伸びる「朱雀大路」です。大内裏の朱雀門から南の羅城門に至る幅約八四メートル、長さ三・七キロに及ぶ大通りは、日本の威信を示すための国際水準の空間でありました。

そして、朱雀大路の東西には、平安京鎮護のための官寺として東寺《とうじ》と西寺《さいじ》が建立され、二つの五重塔が対になって聳《そび》えていました。東寺のほうは、後に真言密教を日本に伝えた弘法大師・空海に下賜され、今日に至っています。

## 四神相応を意識した寝殿造りの配置

この平安京において、「寝殿造り」という様式の貴族の邸宅が発達していきます。当時、従三位《じゅさんみ》以上の上級貴族には、今述べたような、大路小路で囲まれた一町四方の区画が与えられていました。

周囲に築地塀《ついじべい》をめぐらした敷地の中央部に、主人が寝起きする「寝殿」が、庭に面して南向きに建てられていました。その東西には、妻子が住む「対屋《たいのや》」を建て、「渡《わた》殿《どの》」と呼ばれる廊下で結びました。東西の対屋からさらに南に向かって渡殿を伸ばし、その先には納涼や月見のための「釣殿《つりどの》」が設けられました。中国の陰陽思想の影響を受け、東西対称となる配置が好まれたのでした。

コの字形の建物に囲まれた前庭には白砂を敷き、蹴鞠《けまり》や舞楽などの儀礼を行う場としました。それより南には、池を掘って、中島《なかしま》や築山を築き、池へ注ぎ込む水の流れ（遣水《やりみず》）を東側につくりました。池には、龍の頭と鷁《げき》（想像上の水鳥）の首を彫った龍《りゅう》頭鷁首《とうげきしゅ》の舟を浮かべ、管絃《かんげん》の遊びを楽しんだりしたようです。

こうした南に池（朱雀）、東に遣水（青龍）という配置は、四神相応を意識してのものでした（北と西は、敷地外になりますが、それぞれ北山連峰と大路を想定したと思われます）。

先ほど、桓武天皇が四神相応の地として平安京を選んだと述べましたが、貴族たちも自分たちの敷地の中で四神相応を考えたわけです。

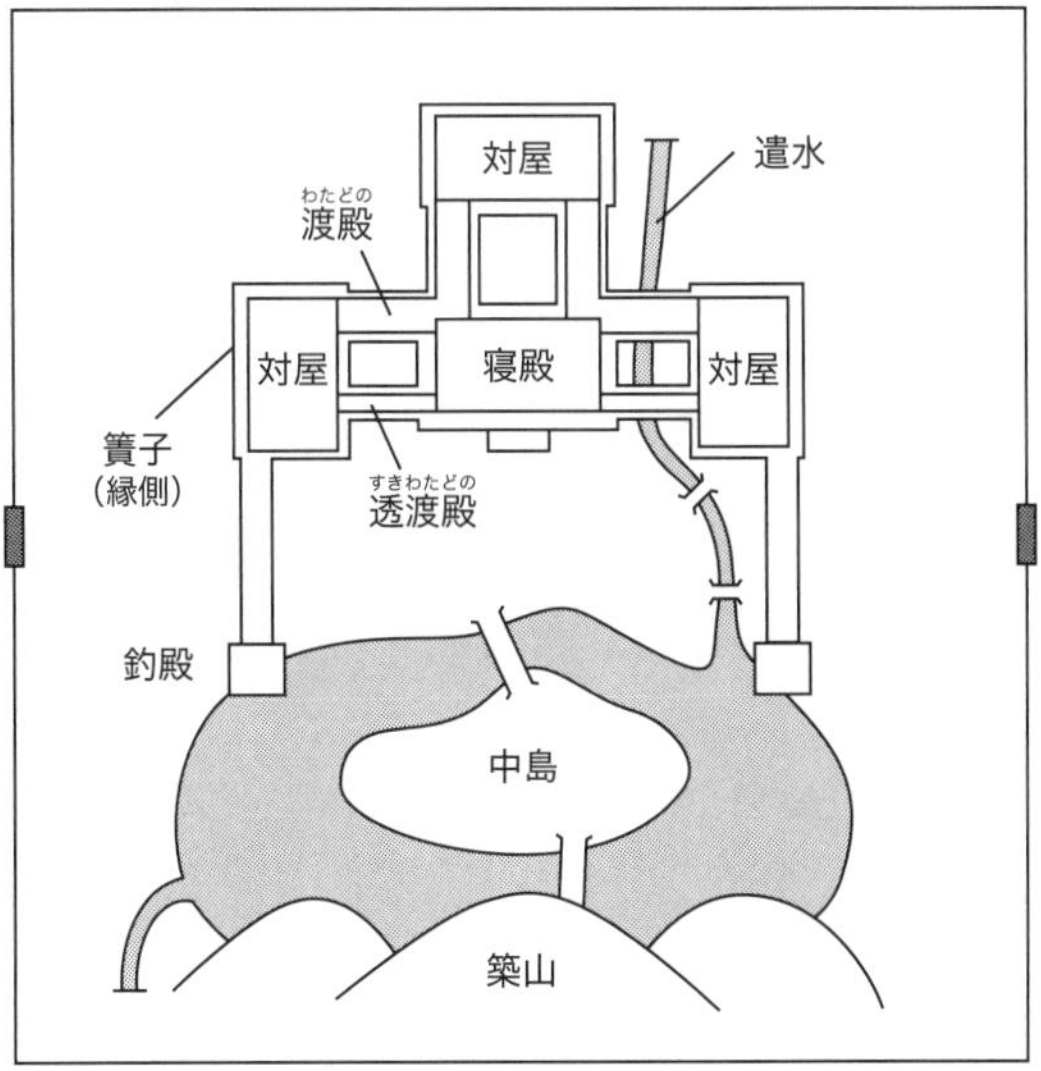


寝殿造りの配置

**寝殿造りの屋敷で、優雅な生活を送っていた平安貴族たち**

建物のつくりは、神社と同じく宮大工の手による檜の白木造りで、床を高くして沓《くつ》を脱いで上がる高床式でした。屋根は檜皮葺です。

室内に目を向けると、天井板はなく、屋根裏まで吹き抜けになっていて、床は板敷で、座るべき所だけに然るべき座具を置いて、その上に座って暮らしました。

また、室内を仕切る固定の壁はなく、丸い柱が林立する広い空間が広がっていました。これには、用途に応じて柔軟に模様替えができるという利点があり、普段は、御簾《みす》を付けたり、屏風《びょうぶ》や几帳《きちょう》などの調度（家具）を置いたりして空間を仕切って生活し、大勢の人を招いて儀礼などを行う時は、それらをはずして広い空間として使っていたようです。

さらに、外壁がなく、「蔀戸《しとみど》」と呼ばれる跳ね上げ式の格子戸が、建物の内と外を隔てているだけでした。夏には、戸を開け放つと、壁のない開放的な涼しい空間になったでしょうが、台風などが来てドンッと閉めると室内は真っ暗になり、蒸し暑かっただろうと思います。冬には、柱と戸の間から隙間風が入り込み、とても寒かっただろうと思われます。

平安時代の貴族というと、十二単《じゅうにひとえ》姿の女性などを思い浮かべる方も多いでしょう。

実際は十二枚も重ねていたわけではないようですが、あれには防寒の意味もあったのです（平安時代は現代より気候が温暖だったとする説もあります）。

こうした不便さはあったものの、優雅で風流な面もありました。建物の外側に張りめぐらされた縁側を「簀子《すのこ》」と呼びますが、そこを歩いていけば、庭の景色が移ろいゆき、東には東山三十六峰が、北には北山連峰が、西には西山連峰の連なりが、借景として眺めることができたでしょう。夜に歩けば、月を愛でたり、月明かりに照らされた草花を愛でたりできただろうと思います。

京都御所・小御所の蔀戸

こうした寝殿造りでの生活の中から、優雅な王朝文化が成熟していきます。その様子は、紫式部や清少納言によって物語や随筆に著され、やがては絵巻物としても描かれていきます。寝殿造りの完全な遺構は一つも残されていませんが、こうした文献などのおかげで、当時の様子を窺《うかが》い知ることができるわけです。

# 5　書院造り

## 武家屋敷における正統様式

### 貴族の住まいから武士の住まいへ

平安時代に貴族の邸宅として成熟していった「寝殿造り」は、鎌倉時代、室町時代を経て、やがて「書院造り」へと緩やかに変遷していきます。武家の台頭に伴い、貴族の住まいから武士の住まいへとイノベーションしていくのです。

まず、建物の配置が変わります。寝殿造りの初期においては、基本的に東西対象の配置になっていましたが、寝殿造りの後期および書院造りにおいては、実際の生活に合わせて非対称の配置になっていきます。西側に門や玄関や客間などの「公的空間」を配し、東側に居住空間などの「私的空間」を展開していく傾向が強くなっていったのです（これは、敷地の諸条件によって、たとえば東側の門のみであれば、逆の配置順もあり得ます）。中国の陰陽思想の縛りから解放され、日本人の現実を重視した、生活の機能と和の感性に適った配置へと、工夫されるようになりました。

次に、戸や障子《しょうじ》、襖《ふすま》などの建具《たてぐ》が発達していきます。蔀戸《しとみど》は、閉めれば光も風も通さず、開閉するのも重く、いささか不便なものでした。そこで、引戸をはめ込み、横にスライドさせる「遣戸《やりど》」が増えていくことになります。同時に、丸い断面であった柱が角柱となり、柱と建具との建て付けの精度が上がり、隙間風が改善されました。

特に画期的だったのは、「障子戸《しょうじど》」の発明です。この障子戸と遣戸を組み合わせることによって、人の出入り・通気・採光を自在に調整することが可能になったのです。

また、室内においては、杉戸や襖戸などの間仕切りによって空間が細分化され、各部屋の機能が明確化していきます。もちろん、これらの遣戸・障子戸・杉戸・襖戸などの間仕切りを取りはずせば、部屋と部屋、内と外を連続させていくことができます。

さらに、屋根裏まで吹き抜けだったところに板を張り、「天井」がつくられるようになりました。こうした戸・床・天井などの改善によって、建物全体の保温効果が高まり、居住性はかなり向上したものと思われます。

## 会合を行うための空間「会所《かいしょ》」の誕生

こうした変遷の中で、室町時代に入ると、「会所《かいしょ》」という空間が誕生してきます。会所とは、将軍家および管領《かんれい》家をはじめとする武家屋敷において、連歌や闘茶《とうちゃ》（茶の産地を飲み当てて勝負を競う遊び）などの寄合芸能をするために造営された別棟の御殿のことです。狭義には、その御殿の中の、三間《けん》四方（約六メートル四方）の板敷の部屋を、会所と呼びました。これは、現代にも伝わる能舞台の四つの柱で囲まれた部分の広さに当たります。

この板敷の部屋は、四周に長方形の座具（後の畳）を十枚敷くことができ、ここに十人ほどの客を呼ぶと、主客が周囲に座って寄合芸能をするのにちょうどよい空間となったのです。

会所の中で、主人が着座する壁面には、「押板《おしいた》」と言って、畳から十センチぐらいの高さの厚くて細長い板を設置した、少しくぼんだ空間をつくり、そこに香炉や花瓶など、その日の懸賞品・観賞品を展示しました。これが後に、床《とこ》の間《ま》へと発展していきます。

また、畳の寸法も、横が三尺一寸五分（九五五ミリ）、縦がその二倍の六尺三寸（一九一〇ミリ）に定まります。この寸法の畳を、現代では「京間《きょうま》」畳と呼びます。これを基準に、大工棟梁が内法《うちのり》（部屋の内側の寸法）を計画していくことによって、どの部屋にも畳をぴったりと敷くことができるようになったのです。

こうして、一部分だけでなく、すべての床に座るべき畳を敷き詰めた「座敷」が誕生してきます。どこにでも座ることができて便利で、座り心地も快適であり、それまでの板敷に比べて冬を暖かく過ごせるようになりました。また、「座敷の中で、どの役の人が、どの畳に座るのか、歩くのか」ということが儀礼において重視されるようになり、その後、礼法《れいほう》や諸芸道における所作が高度に発達・成熟していくことになります。

## 床の間・付書院《つけしょいん》・棚・帳台構《ちょうだいがまえ》とは何か

室町幕府三代将軍・足利義満の時代に華やかな北山文化が起きると、会所に座敷飾りという格調高い意匠が施されるようになります。これは、そこが聖なる空間であり、主人が座るべき上座であることを示すための装置でした。

まず、前述した押板の部分は、その空間の効果を高めるために奥行が深くなっていくに従って、畳を敷き、その前端には床框《とこがまち》（化粧横木）を付けるようになりました。また、その壁には、老松《おいまつ》や聖人・賢人を画材とする壁画が描かれたり、掛軸が掛けられたりするようになります。

この空間は、「床《とこ》」あるいは「床の間」と呼ばれ、書院造りにおいて、建築的にも精神的にも中核的な位置づけになっていきます。

さらに、床の間のまわりには、付書院《つけ》、棚、帳台構《ちょうだいがまえ》が配置されます。

付書院とは、床の間の脇に設けられた、縁側に向けて出窓のようなつくりになっているものです。もともとは出文机《いだしふみづくえ》と呼ばれ、その名のとおり、書を読んだり、文《ふみ》を認《したた》めたりするための装置でした。

付書院の反対側には、棚と呼ばれる部分があります。床面に近く低く置かれた収納を地袋《じぶくろ》、長押《なげし》に近く高く吊られた収納を天袋《てんぶくろ》、その間に水平に渡された段違いの棚を違棚《ちがいだな》と呼び、これらを総称して、棚と言います。

棚の脇の直角に折れた壁面には帳台構があります。これは帳台（寝室）への入口が意匠化されたものです。実際には、就寝には適さないと思われ、寝具を納める納戸であったようです。

これらは、書院造りを構成する四要素として、その様式美が確立されていきます。

## 武家屋敷の中心に位置づけられた「書院」

室町時代には、会所以外にも、主従関係にある者との対面儀礼を行う「対面所《たいめんじょ》」という施設が誕生します。対面儀礼は、主従関係を結んだり、確認したりする際に行われ、武家にとっては重要な儀式でした。

主人が着座する所は、一段と高い「上段の間」

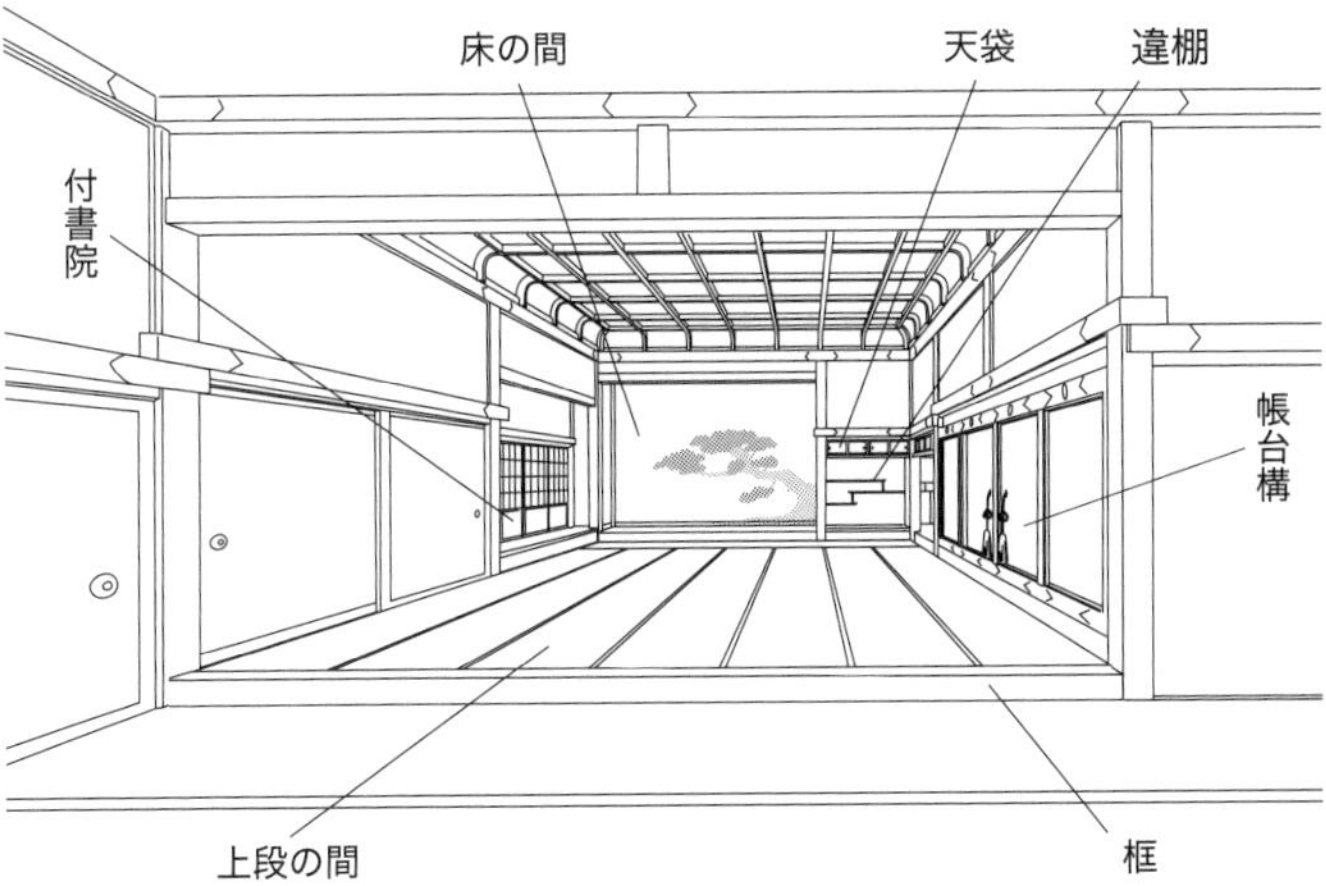

書院造り

ます。

となっていて、そこには、ただ今述べた床の間・付書院・棚・帳台構が配置されています。

なお、付書院の位置に、さらに一段と高い床が設けられることがありました。これを「上々段の間」と言います。その館の主人よりも、身分の高い方を招いた時に着座してもらうための設備です。豊臣秀吉のつくった聚楽第《じゅらくだい》にも、上々段の間があったとされていますが、これは、御門《みかど》（天皇）の御成《おな》りのためのしつらいでした。

この対面所は、応仁の乱が勃発して戦国の世となり、武家間の主従関係が重要視されるようになると、武家屋敷の中心施設として位置づけられるようになります。有名な例を挙げれば、関白になった豊臣秀吉は、徳川家康を大坂城に呼び、対面所において諸将が居並ぶ中で対面儀礼を行い、自らの権威を誇示しています。

そして、時代が下って江戸時代になると、こうした対面儀礼を行う空間を「広間」あるいは「書院」と呼ぶようになります。

たとえば、大名であれば、正月を迎えると、殿様たちは江戸城に登城し、本丸御殿の大書院にて将軍への拝賀の儀を行いました。また自藩に戻れば、藩邸の書院に家臣を集め、家臣と対面儀礼を行います。さらに家臣たちは、自分の屋敷に帰った後、一族郎党を書院に集め、新年の挨拶を交わしていたのです。

このように、書院（対面所）は、身分や立場、役割や使命の確認を促し、秩序ある日本の社会をつくるための舞台装置であったと言えます。

## コラム　床の間の役割

床の間・付書院・棚を伴った書院造りは、武家だけでなく、農家や商家の屋敷にも取り入れられ、さらに明治以降は広く庶民の間に広まり、日本建築を特徴づけるものとなっていきます。みなさんも、和風建築の家や旅館などで書院造りを見たことがあるのではないでしょうか。

特に、床の間が果たした役割は重要です。床の間は、単なる飾りではありません。そこに仏画を飾るならば〝仏壇〟に、「天照皇大神《あまてらすすめおおみかみ》」等の御神号掛軸を飾るならば〝神棚〟にもなる、宗教的な神聖なる空間です。

床の間のある座敷は、もてなしや対面儀礼にとどまらず、元服式や婚礼など、さまざまな儀礼を行う場として活用されたのです。

たとえば、ポピュラーな年中行事の一つに、「七五三」があります。文字どおり、三歳、五歳、七歳の時に、子供の無事な成長を祝う日本の伝統行事です。現代では、神社にお参りに行くだけですが、かつては、まず自宅にて「着袴《ちゃっこ》の儀」を執り行いました。

自家よりも位の高い人に「因《ちな》みの親」（いわゆる後見人や保証人）を頼み、その人の立ち会いの下、子供を碁盤の上に立たせて袴《はかま》を着せ、「えいっ！」という掛け声とともに飛び降りさせるのです。本来は、この儀式が終わってから、神社に参拝に行っていました。

今、辞書を引くと、皇室に残る伝統行事のようにしか書いてありませんが、昔は、公家や武家をはじめ、農家や商家でも然るべき家では、床の間のある座敷で行われていたのです。

結局、儀礼を行うに当たっては、そこに集まった人々が心を向けるべき、聖なる対象が必要であり、その役割を果たすのが、床の間なのです。そして、床の間の前で、さまざまな家庭の行事を行うことで、心を一つにし、家族や親族の絆を深めてきたわけです。

# 6 草庵茶室

## 茶の湯・侘《わ》び茶のための空間

### 数寄屋《すきや》造りに影響を与えた茶室

江戸時代に入ると、書院造りを基礎として、茶室の影響を受けながら、数寄屋《すきや》造りが誕生していきます。

数寄屋は、高度に洗練された邸宅空間であり、神社・宮殿→寺院→寝殿造り→書院造りと発達してきた日本建築の粋《すい》と言うべきものです。数寄屋が判《わか》る人になることが、日本人の一つの到達点を示すことになると、私は考えているほどです。

この数寄屋が判るようになるためには、書院造りを知り、茶室を知らなければいけません。そして、茶室の美を理解するためには、そこで行われる「茶の湯」の美を理解しなければいけません。なぜなら、茶室は、茶の湯を成り立たせるための空間として、茶人たちによって工夫され、吟味されてきたからです。

そこで本節では、数寄屋造りの話に入る前に、茶の湯の精神を確認しつつ、茶室について考察していこうと思います。

## 茶の湯の前史

茶は、中国大陸の雲南《うんなん》地方を原産とする常緑低木であり、日本には奈良時代に薬として伝わり、また平安時代に団茶《だんちゃ》（茶葉を蒸して臼《うす》で搗《つ》いて円盤状に成型したもの）を煎《せん》じて飲むかたちの喫茶法が伝わりましたが、あまり広がらず、やがて廃れていきました。

日本へ改めて喫茶法を伝えたのは、鎌倉時代の僧・栄西《ようさい》です。栄西は、当時、宋の禅寺で行われていた抹茶《まっちゃ》（茶葉を蒸して臼で挽《ひ》いて粉状にしたもの）による喫茶法を持ち帰り、これが禅門を中心に広がっていきます。

それに伴って、国産の茶葉の生産も増えていきます。栂尾《とがのお》の高山寺《こうさんじ》の明恵《みょうえ》上人が、栄西から譲り受けた茶の種をまき、寺に茶畑を開いたのが、日本での本格的な茶の生産の始まりとされています。

やがて、この栂尾の茶が最もおいしいと、評判になっていきます。すると、これを「本茶」とし、他の産地のものを「非茶」と称して、飲み比べ、本非を当てる遊びが興ってきます。高価な唐物（舶来の書画・花瓶・茶道具など）を持ち寄り、それを勝負の賭け物としていたようです。これが、前述した「闘茶」と呼ばれる遊びで、室町時代の前半、武士や公家の間で大いに流行《はや》ったのです。

しかし、八代将軍・足利義政の時代に起きた応仁の乱によって京の都が灰燼に帰すると、人々の間には世の無常を想う心が満ちていきます。

## 侘《わ》び茶の誕生

ここに珠光《しゅこう》という僧侶が登場します。茶道の祖とされる人物です。伝承によれば、珠光は臨済宗の大徳寺に参禅し、「茶禅一味《ちゃぜんいちみ》」という境地による精神的・芸術的な喫茶法「茶の湯」を考案したとされています。それは、どのようなものだったのでしょうか。

「茶の湯」とは、世を捨てた（すなわち世間の関係から距離を置くことを覚悟した）

隠遁者《いんとんしゃ》が、町を離れて山中に結んだ庵《いおり》にて、遠来の客を心の友として、ありあわせの道具と工夫によってもてなす風をいいます。庵とは、「草や木などでつくった粗末な小屋」を指します。

さて、まず茶人より茶の湯に招かれた客は、世を捨てて隠遁した体にふさわしい草庵を模した、四畳半程度の小さな座敷である草庵茶室に導かれます。床の間には、仏画や禅語などが掛けられ、花が生けられています。そこでは、主人と客の間に、立場の上下の隔てはありません。刀も外に預けて丸腰となり、小さな潜り戸（躙口《にじりぐち》）から茶室に入って座ります。やがて主人が現れ、客の前で自らが茶を点《た》てて客に勧めます。道具は、その時の風情に適っていれば、粗末なものでもよしとされました。

主人は、客のために心を込めたもてなしを心がけ、主客は身分を超えて、ともに季節の移り変わりを愛でたり、和漢の文学の境地に思いを馳せたり、世の無常をかみしめたりしたのです。

やがて、この「茶の湯」は「侘《わ》び茶」と呼ばれるようになります。「侘び」という言葉は、本来は「経済的に欠乏していて不如意《ふにょい》であること。貧しい暮らし」を語源としています。つまり、隠遁者の貧しい住まいの景を借りていることから、「茶の湯」は「侘び茶」と名付けられるようになったのです。

珠光の始めたこの茶の湯・侘び茶は、伝承によれば、応仁の乱の後、東山に隠棲していた足利義政の知るところとなります。義政の美術に対する鑑識眼は当代随一でした。日本の美の達人でもあった人物が、あらゆる遊芸を尽くした果てに、侘び茶に巡り合った、という伝説です。

## 珠光から紹鷗《じょうおう》、そして利休へ

この珠光の茶を受け継いで、さらに洗練させていったのが、堺の豪商にして茶人の武野紹鷗《たけのじょうおう》です。紹鷗は、侘び茶の心とは何かと問われ、『新古今和歌集』の藤原定家《ていか》の歌で答えたと伝えられています。

**見渡せば　花ももみぢも　なかりけり　浦の苫家《とまや》の　秋の夕暮**

(見渡すと、春の美しい花も、秋の紅葉もないのだなあ。この海辺の苫葺《とまぶ》きの粗末な小屋の

あたりの秋の夕暮は）

この歌は、花や紅葉という言葉を使い、華やかな印象を与えたうえで、「なかりけり」と否定することによって、後に続く「浦の苫屋の秋の夕暮」という寂しい風景を、より一層強く感じさせるものとなっています。

こうした世界をよしとするのは、足るを知るという意味であれば、仏教的な悟りでありますし、あるがままの美を知るということであれば、神道的な悟りでもあると言えましょう。こうして茶の湯は、和歌に読まれる「もののあはれ」を極めて、悟りに至ることを目指す修行の「道」、つまり、茶道となったのです。このように、芸事と精神修養が結び付けられて、芸道がつくられたことは、日本ならではの特徴です。

この侘び茶は、安土桃山時代、武野紹鷗の次の世代の茶人である千利休によって完成されていきます。利休は、侘び茶の心を問われて、藤原家隆《いえたか》の次の和歌を挙げたと言われています。

**花をのみ　待つらん人に　山里の　ゆきまの草の　春を見せばや**
（花が咲くことのみを待っている人に、山里の雪間の草の春を見せたいものだ）

美というものは、咲いている花だけでなく、雪の間から出てきた若草の芽にも見出せるということでしょう。ここには、新しい美の発見と創造への可能性と楽しみが示されています。

## 山中の風情を街中につくり出すための建物

以上を前置きとして、草庵茶室へと話を進めましょう。

まず、庵の風情は、いかにも●麁相《そそう》で、経済的にいささか不如意であるところの「侘《わ》び住《ず》まい」とすべきではありますが、あまりに粗末で、見苦しいまでに下品な姿となってもいけません。茶を嗜《たしな》む者としてふさわしい、あるいは、訪れる客人の目にも適った、気品ある美しい姿であるべきです。ということで、粗末でありながら気品のある庵が求められたのでした。

●**麁相**　粗末なこと。粗略なこと。粗相。

また、草庵茶室は、隠遁者が山中に構えた庵の風情を借りるものですが、実際に山の奥深くにつくってしまっては、茶の湯の社交はなかなか成り立ちません。そこで草庵茶室の多くは、山中ではなく、京、南都《なんと》（奈良）、堺、博多などの大都市の、商家や武家や茶人の大きな屋敷の奥深くに営まれました。

このことは「市中《しちゅう》の山居《さんきょ》」と呼ばれました。街の中にあって、あたかも山の奥深くに隠遁するがごとき風情を楽しむ、という意味です。これは、イエズス会の宣教師がポルトガル語に対訳した『日葡《にっぽ》辞書』にも記録されているほどの言葉です。

## 茶事を引き立てるために計算し尽くされた空間

草庵茶室の内部はどのような空間になっているのでしょうか。

それは、四畳半ほどの狭い空間であり、小さな床の間が付いています。上部は、形を変えた幾つかの天井があえて低めに張られています。床《ゆか》には畳が敷き詰められています。

壁の色調はくすんだ褐色で、その仕上げは苆《すさ》（藁などの繊維）を多く入れた荒々しい表面の土壁が尊ばれます。また、壁には形や大きさをさまざまに変えた幾つかの障子窓があり、薄暗い茶室にあって、そこから柔らかい光が導かれています。なお、障子窓は外の景色を見るためのものではなく、柔らかい光を内部に導くためのものです。

こうした天井、壁、窓、材料などの工夫によって、侘び茶にふさわしい空間として、薄暗く、ほのかな明かりの幽玄《ゆうげん》なる風情がつくり出されるのです。

また不思議なことに、狭いながらもそこに座っていると、広々とした印象も生まれてきます。天井と窓は変化に富んでいますし、薄暗いので、どこまで壁なのかが定かではない気配もあって、やがてその場に慣れてくると、広々とした座敷に佇《たたず》んでいるような気持ちになるのです。

こうした効果が出るよう、配置や材料など、す

裏千家の代表的茶室「又隠《ゆういん》」

べてが計算し尽くされた空間が、茶室です。

茶室は、田舎家風であり、隠遁者風でもありますが、本当の田舎家でも、隠遁者の家でもありません。非常に手の込んだものであり、材料も意匠も吟味に吟味を重ねたものです。都会の中にあって、世俗を離れ、深山幽谷のそばで自然を愛でるような時間を過ごすための、架空の空間をつくり出すもの。それが茶室であると言えましょう。

## 日常性から遊離した時間と空間を味わう

この茶室に入った客は、まずは床の間に飾られた掛軸や花に拝礼し、後にこれらを観賞して、次に炉の前に移り、炉の中の釜と炭と灰の景色を拝見し、それから然るべき席に座って主人の登場を待ちます。やがて部屋の薄暗さに目が慣れていくならば、床の間の風情も、炉や釜の姿もおぼろに心に映ってきます。

そして、主人が現れて、挨拶が交わされ、決められた作法と所作に従って、初炭《しょずみ》（炉に炭を入れる）、懐石《かいせき》（軽い食事）、中立《なかだち》（休憩）、濃茶、薄茶というように、もてなしの茶事が進められていきます。所要時間は約二刻（約四時間）。その中心は「濃茶」

です。この濃茶をおいしくいただいてもらうために、空腹を満たすべく懐石料理と主菓子《おもがし》が用意され、かつ、濃茶の余韻を楽しんでいただくために、最後に薄茶と干菓子が提供されます。

茶を飲む、食事を食べるということは、普段であれば、日常茶飯事の行為です。それが、茶室という然るべき空間を準備し、然るべき作法と所作により、心を込めてもてなすことで、それが、日常ではない、特別なことになるのです。

その日の趣向（＝テーマ）に合わせて用意された、床の間の掛軸や茶道具の銘に因んでの一期一会の会話（茶話雑談《ちゃわぞうだん》）も、主客の間に弾みます。

四時間というのは長いと言えば長いのですが、実際に参加させていただくと、短いと言えば短いです。限られた時間の中で、定められた手順と所作で懐石料理と濃茶と薄茶が振る舞われる時、永遠に続くような至福の時を私は感じます。後日、振り返って、「ああ、あの時は夢のようだった」と思うことがあります。

人生の中に一つ〝点〟を打って特別な時空をつくり、日常性から遊離した精神的で神聖な時間と空間を味わい、それを喜びとすること。それが茶事であり、そのための稽古と修行が茶道であり、そのための舞台が茶室であるわけです。

## コラム　私が茶室に魅かれた理由

私が日本文化に興味を持つようになったのは、茶室からです。茶室から、茶事で使う器（やきもの）へと関心が広がり、伝統工芸を研究するようになり、また、私の最初の茶の師匠が能もされる方であったことから、能をはじめとする伝統芸能も研究するようになったのです。

そもそも、私は建築士を目指していました。大学の建築学科に入ると、学生は最初に「近代主義建築」を学ぶことになります。

近代主義建築は、歴史的な彫刻や宗教的な装飾を排し、機能性や合理性を求める建築様式で、ファンクショナリズム（機能主義）とも言われます。十九世紀末から二十世紀に誕生した近代主義建築をまず勉強するのです。

そして、教授たちが薦《すす》める作品のトレース（図面の複写）をさせられるのですが、「何がよくて、何が悪いか」という基準がはっきりせず、とりとめがないのです。そこで、私は名作と言われる近代主義建築を実際に見に行きましたが、それらには潤いがなく、無味乾燥で、挑戦的な印象を受けることが多かったのです。

これとは別に「日本建築史」という授業があり、法隆寺など、宮大工のつくる建築も勉強しました。ただ、いかんせん、それらは「伝統的文化財」であり、現代の実際の建築とは明確に切り離されていて、〝過去のもの〟という扱いなのです。

日本の建築で、伝統的でもあり、現代にも生きている魅力あるものはないだろうか。そう思って探していたところ、「茶室」に巡り合いました。

茶室は、今もって、人々が実際に茶の湯の舞台として使っています。茶の客人として招かれて伺えば、それは生き生きと命ある空間となり、茶室ならではの感動を私たちに直接与えてくれます。床の間の掛軸や茶、陶器や漆器《しっき》や金工《きんこう》や着物、料理や和菓子ともつながっています。茶室でなければ表現できない茶の文化があるという、建築としての確かな存在感があったのです。私にとって、生きている本物の日本文化への入口が、茶室でした。

もう一つ、茶室に魅かれたことがあります。それは、茶室は伝統的な名茶室を学んだうえで、茶人が創意工夫を加えて棟梁とともに新しい茶室をつくれることです。

「西洋建築史」という授業もあり、これはギリシャ建築、ゴシック建築、ロマネスク建築など、石の建築文化を学ぶもので、かつては（近代主義建築以前の）建築家にとって必須の教養でした。東京駅を設計した辰野金吾、迎賓館を設計した片山東熊《とうくま》など、明治時代の代表的建築家はみな、ヨーロッパに留学して、そのイロハを学んで帰ってきたのです。

そして、十九世紀までの建築家は、ギリシャ様式やルネッサンス様式などをブレンドして、その当時の現代建築をつくっていました。日本においても、明治時代は、過去のスタイルをすべて知ったうえで、「これは、こういう地域の、こういう建物だから、ルネッサンス様式にしよう」「ゴシック様式にしよう」というように、伝統の継承と創意工夫による設計がなされていたのです。

ところが、二十世紀以降の近代主義建築では、これが否定されていて、「歴史的な様式は継承してはならん。今ごろ、そういうことをやってはいけない」と言われてしまうのです。

それに対して茶室の場合は、茶人が茶を極め、名茶室をたくさん見極めたうえでこそ、新しく工夫したいという茶室の構想が生まれてきます。古典的茶室を知り尽くしてこそ、融通無碍に新しく工夫を加える余地がたくさん見えてきます。古くて新しいのが、茶室であるわけです。

ということで、私は、大学院生の頃に、茶室の研究を始めるようになり、また、茶室を極めるには茶の湯を知らなければならないということで、同時に茶道の稽古も始めたのです。そして、「これぞ名茶室」と言われる評価の高い古典的な名席を、一つひとつ訪ねました。たくさんの名席を実際に体験してこそ、判る世界があります。私の茶室の師匠である中村昌生《まさお》先生が「茶室・数寄屋は哲学だ」とおっしゃっているように、実に奥の深い世界であります。

# 7 数《す》寄《き》屋《や》造り

## 日本の伝統建築の粋《すい》

**「真《しん》・行《ぎょう》・草《そう》」という美意識で、日本建築を読み解く**

いよいよ数《す》寄《き》屋《や》造りを紹介する準備が整いました。

数寄屋造りを理解するうえでは、「真《しん》・行《ぎょう》・草《そう》」という言葉が手がかりになります。

これは、室町時代の芸能・芸道において登場する言葉で、日本人の美意識の一つです。書道における書体の類型を表す言葉「真書（楷書）」「行書」「草書」も、その例の一つでしょう。

真とは、「格調の高いもの」「厳格なもの」「正式なもの」です。日本建築に当てはめるならば、それは神社・寺院・寝殿造り・書院造りの系譜であり、特に書院造りに極められています。

真書（楷書）
行書
草書

書：中村黄京
（元東伏見宮家別邸「吉田山荘」女将）

草とは、「崩したるもの」「寂びたるもの」「侘びたるもの」「枯れたるもの」であり、日本の建築に当てはめるなら、草庵茶室に相当するでしょう。行とは、「この真と草を併せ持ったもの、兼ね備えたもの」「優雅で風流な味わいと遊びに満ちたもの」であり、それが数寄屋造りに当たります。

つまり、数寄屋造りは、書院造りを基礎にしながら、草庵茶室の侘び・寂びを兼ね備えたものだということです。

たとえば、書院造りでは、床の間・棚・付書院・帳台構という座敷飾りに加え、太い角柱、重厚な格天井《ごう》が用いられ、壁面には障壁画が描かれていました。格調が高いものの、やや堅苦しいものであったかもしれません。

それに対して数寄屋造りでは、床の間は小さく質素になり、帳台構などは省略されることが多くなりました。また、軽やかな竿縁天井《さおぶち》やシンプルな土壁が用いられ、柱には、細い柱や丸みを帯びた柱、味わいのある面皮柱《めんかわばしら》（皮を残した柱）など、さまざまに工夫が施されています。

数寄屋造りは、書院造りの一定の規範を保ちつつ、主人の好みに合わせて創意工夫されたのでした。主人の憩いの場として、あるいは客人へのもてなしの場として、肩肘を張らない、柔らかい空間を目指したのです。その結果、雅びでありながら寂《さ》びでもあるという、日本人の繊細で豊かな美意識が凝らされた空間が誕生していきました。

雅びさとは、平安時代の王朝文化にルーツがあります。『万葉集』『古今和歌集』『新古今和歌集』などの和歌、および『伊勢物語』や『源氏物語』に代表される貴族文化が雅びなる美意識の源流でありましょう。

侘びと寂びは、茶の湯に由来します。もともと日本人が持っていた、質素なるもの、枯れていくもの、閑寂《かんじゃく》なるもの、あはれなるものへの美意識です。

この対極にある二つの大きな美が、木の文化において見事に融合し、表現されているのが、数寄屋造りであるのです。日本文化の結晶と言ってよいでしょう。

ちなみに、「数寄」の語源は、「好き」という言葉です。鎌倉時代、風流を好むことを数寄と呼ぶようになり、室町時代、その風流に「茶の湯」が当てられ、茶の湯のことを「数寄」、そして、茶室やその様式を取り入れた座敷のことを「数寄屋」と称するようになったのです。なお、茶の湯を嗜む茶人は「数寄者」と呼ばれました。

## 数寄屋造りの代表作「桂離宮《かつらりきゅう》」

数寄屋造りは、江戸時代以降、皇族や公家、社寺の別邸だけでなく、武士や商人の邸宅や、料亭や旅館などにも展開していきました。今に伝わる数寄屋造りの代表作として、京都の桂離宮《かつらりきゅう》を第一に紹介しましょう（口絵参照）。

桂離宮は、江戸時代の初めに、皇族の八条宮家《はちじょうのみやけ》の別荘としてつくられました。桂川西岸の約七万平方メートルの敷地に、中心的御殿として、古書院・中書院・新御殿が●雁行《がんこう》型に建てられ、池の周囲に、月波楼《げっぱろう》・松琴亭《しょうきんてい》・笑意軒《しょういけん》などの茶屋が点在しています。

八条宮家の本宅は、京都御所の近くにあり、書院造りの豪壮なものでありました。それに対して、この桂の別荘は、くつろぎの場、もてなしの場として、軽やかな意匠が追求されました。ここに数寄屋造りの最初の登場が告げられたのです。

後世、この桂離宮の魅力にすっかり魅了されてしまった外国人の建築家がいます。戦前、ドイツから日本へやって来た近代建築家ブルーノ・タウトです。

●**雁行形**　建物の位置をずらして建て、全体として階段状に建物が並んでいるかたち。

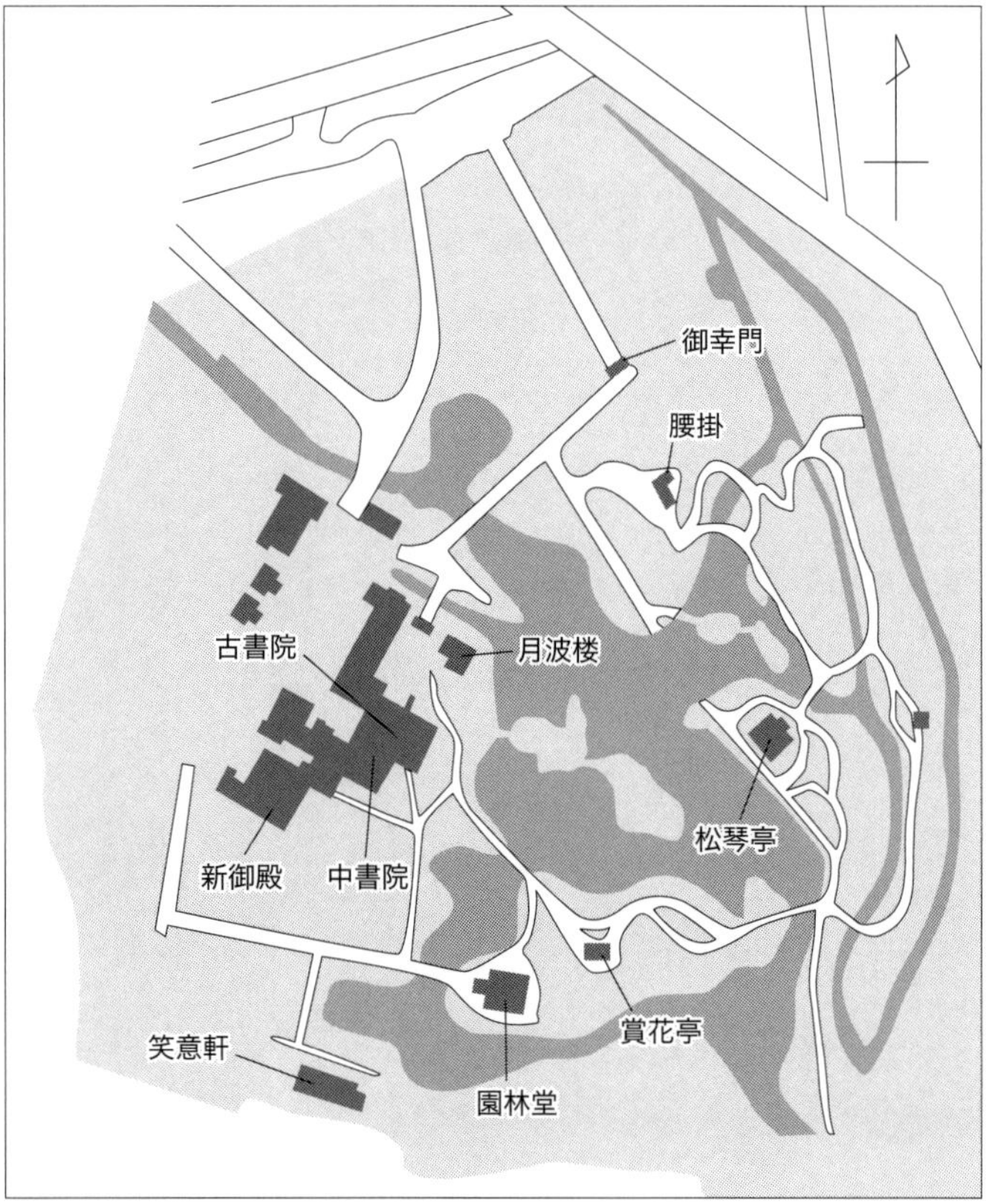


桂離宮の全体図

桂離宮を訪れたタウトは、その簡素な趣《おもむき》に驚きます。ヨーロッパの宮殿は、庶民との階級の違いを示す性格を帯びているのに対し、桂離宮は「この上もなく庶民的」でありながら、「趣味が洗練の極致に達し」ているというのです。つまり、権力や財力を誇示するような美ではなく、簡素でありながら優雅であるという上品な美しさに感動したのです。

タウトは、「ここに繰りひろげられている美は理解を絶する美、即ち偉大な芸術のもつ美である。すぐれた芸術品に接するとき、涙はおのずから眼に溢れる」「実際、これ以上単純で、しかも同時にこれ以上優雅であることはまったく不可能である」と称賛しています（ブルーノ・タウト著『日本美の再発見』）。

## 桂離宮と同じ趣を楽しめる「曼殊院《まんしゅいん》」

桂離宮は現在、宮内庁が管理していて、一般公開されていますが、見学するためには事前予約が必要です。また、御殿の中に上がることは許されていません。そこで、同時代の数寄屋造りを気軽に堪能されたい方には、京都・東山の曼殊院《まんしゅいん》をお薦めします。

紅葉やツツジの観光名所としても人気の高い寺院です。

この曼殊院は、門跡《もんせき》寺院と言って、皇族が出家して住職を務める格の高い寺の一つであり、第二十九世門主《もんしゅ》・良尚法親王《りょうしょうほうしんのう》は、桂離宮を造営した八条宮智仁《としひと》親王の第二皇子でした。それ故、大書院と小書院は、ともに桂離宮によく似た数寄屋風の軽妙な意匠になっていて、桂離宮と同じ趣を楽しむことができます。「小さな桂離宮」と呼ばれるほどです。特に大書院の「十雪《じゅっせつ》の間」にある違棚は、桂離宮と同じ様式で、同時期につくられたものと言われています。

また、小書院の「富士の間」にある違棚は、約十種類の木材を組み合わせた独創的で美しいものとなっています。これは「曼殊院棚」と呼ばれて名高く、有名です。

曼殊院門跡
桂離宮とよく似た数寄屋風の建物。

## 諸大名がつくった数寄屋造りの傑作

さらに、武家屋敷における数寄屋造りの遺構を紹介しましょう。江戸時代、大名であるならば、国元には、城内に本丸御殿のほかに、数寄屋御殿と庭園を構え、もてなしの場として活用していました。その一部が現代にも残っています。

**◆栗林《りつりん》公園の掬月亭《きくげつてい》**（香川県高松市）

高松藩・松平家がつくった大名庭園に建つ数寄屋造りの建物です。江戸時代初期に建てられ、歴代藩主が茶会などを開き、こよなく愛した建物です。掬月《きくげつ》の間《ま》からの南湖《なんこ》の眺めは、類《たぐい》まれなる景観として、今や、世界の人々に絶賛されています。「掬月亭」の名の由来は、唐の時代の詩人・于良史《うりょうし》の作「春山の月夜」と題する詩の「水を掬すれば月手にあり」からとったものです。

**◆玄宮楽々園《げんきゅうらくらくえん》（玄宮園）の臨池閣《りんちかく》**（滋賀県彦根市）

彦根藩・井伊家がつくった大名庭園に建つ数寄屋建築です。

臨池閣

掬月亭

彦根城の天守閣を背景に、大きな池に突き出すように臨池閣《りんちかく》が建ち、そこから広い庭を一望できるようになっています。

◆**成巽閣《せいそんかく》**（石川県金沢市）

加賀藩十三代藩主・前田斉泰《なりやす》が、母・眞龍院《しんりゅういん》の隠居所として、兼六園に建てた二階建ての建物です。一階は書院造り、二階は数寄屋造りになっていて、書院と数寄屋の両方の風情を味わうことができます。現在は、兼六園に隣接する歴史博物館として使用され、館内には、前田家ゆかりの書画や人形などが展示されています。

◆**三溪園《さんけいえん》の臨春閣《りんしゅんかく》**（神奈川県横浜市）

慶安《けいあん》四年（一六四九年）、紀州徳川家が別荘として建てた数寄屋造りの御殿です。大正四年（一九一五年）、実業家にして茶人の原富太郎がつくった庭園・三溪園《さんけいえん》に移築されました。紀州徳川家から八代将軍となった徳川吉宗は、幼少期、この御殿で遊

臨春閣

成巽閣

び、育ったとも言われています。

## 数寄屋造りは、日本人をつくるための装置

建築は、そこに住む人の文化の表れです。日本の数寄屋造りには、大和心、武士道、侘び・寂び、雅びなど、日本人の文化・日本人のさまざまな美意識が表されています。数寄屋造りの規範である書院造りには、神仏を敬う心を軸にして、秩序を大切にする思いが、礼法空間・儀礼空間として成り立っています。また、茶の湯に極められた侘び・寂びの美意識が込められ、古典の文学、和歌、物語などへの共鳴から、雅びなる美意識も込められています。

一言で言えば、数寄屋造りのその魅力は「清々《すがすが》しさ」でしょう。飾り気のない清らかさが、そこには満ち満ちていると思います。

木造建築の飾り気のない建物は自然の中に溶け込み、その内部は、障子を開け放つと、自然へとつながる開放的な空間になっています。数寄屋造りは、まさに、麗《うるわ》しい大自然とともに生きる空間です。素にして贅沢とでも言いましょうか。簡素な中に豊

かさを味わう造りになっています。

もし数寄屋造りの家に住めば、目が肥えてきて、シンプルにして美なるものが見えてきて、心が豊かになってくるでしょう。それまで感じ取れなかったものが感じ取れるようになってくると思います。数寄屋造りは、豊かで美しい心情をもった〝日本人らしい日本人〟をつくっていく装置と言ってもよいでしょう。一人でも多くの方に、数寄屋造りが判る人になっていただきたいと思います。家を建てるなら、数寄屋造りをお勧めします。普段から、日本旅館や料亭などで数寄屋造りを味わう機会をつくっていただきたいと思います。

# 第二章

# 日本の伝統工芸

## ——ものづくり大国・日本の原点

日本のものづくりは世界一と言われていますが、それは今に始まったことではありません。日本人は、昔から精巧で緻密な仕事を得意とし、やきものや染織《せんしょく》など、さまざまな分野で技を磨いてきました。同時に、日本人は、洗練された美意識を持ち合わせています。つまり、私たちの祖先は、この二つを結び付け、品質が高く、かつ、美しい意匠《いしょう》や装飾を施した工芸品をさまざまにつくってきたのです。

時代をさかのぼれば、工芸は、神仏を祀《まつ》るための祭具や神仏に奉納する宝物《ほうもつ》から始まったと思われます。二千年前に創建された伊勢の神宮には、太古の昔と同様につくられる御装束神宝《おんしょうぞくしんぽう》が受け継がれています。また、飛鳥時代、推古天皇が愛用された「玉虫厨子《たまむしのずし》」は、法隆寺の宝物殿に今もその輝きを伝えています。正倉院には、奈良時代、東大寺大仏開眼供養会《かいげんくようえ》の時に使われた儀礼道具や、聖武天皇の遺品の宝物の数々、光明皇后が使用された仏具などが多数納められています。

やがて日本の工芸は、貴人や武士の装束や調度の品々として普及・発展し、さらには人々にとっての祭礼具として、諸芸道における道具として、また節句や慶事を寿《ことほ》ぐ縁起ものや、日常生活の道具として、日本の文化を彩ってきたのです。これほど、古い時代の工芸品が大切に保管され、永《なが》く伝えられている国は、世界にほかにはないと思われます。

特に、現在においても技術が継承されているものを「伝統工芸」といいます。本章では、この伝統工芸の中から、特に「漆器《しっき》」「陶芸」「染織」「刀剣」「御装束神宝」に絞って、そのエッセンスを紹介していきましょう。

# 1 漆器　世界の誰も真似できなかった蒔絵《まきえ》

## 一万年以上にさかのぼる漆《うるし》との出合い

漆器とは、漆《うるし》を塗ってつくった工芸品のことです。漆は、漆の木の樹液です。漆の木を傷つけた時に出る液体を採取し、精製することでつくられます。

日本人と漆の出合いはとても古く、縄文時代にまでさかのぼります。北海道函館市の垣ノ島遺跡から発見された漆塗りの副葬品は、約九千年前のものと年代測定されています。福井県若狭町の鳥浜貝塚からは、約一万二千六百年前の漆の木の枝が出土していることから、漆の歴史は一万年を超える可能性もあると言われています。

古《いにしえ》の人が、そもそも木の器などに漆を塗り始めたのは、耐水性を求めたからだと言われています。温度変化による器の伸び縮みに耐えられるよう、漆を塗り重ねて多層構造にするのがポイントで、垣ノ島遺跡の九千年前の出土品もすでに多層構造になっていたそうです。

漆器の現在の標準的な製法としては、まず生漆《きうるし》を木材にこすり込みます（木固め）。こうすることで、木が変型したり、収縮したりすることが少なくなります。

次に、端の部分など、痛みやすい所に補強として布を貼りつけ（布着《ぬのぎせ》）、漆と砥粉《とのこ》（石を砕いて粉末状にしたもの）を混ぜて練った「錆漆《さびうるし》」と呼ばれるペースト状のものを塗り、乾かしてから砥石で研ぎます。これを下地塗といいます。その後、漆の成分をきめ細かいものに変えながら、「塗っては研ぐ」ことを繰り返していきます。それによって、非常に硬くて光沢のある仕上がりになるのです。

## アジア各地で発達した「螺鈿《らでん》技術」

漆の木は、日本や朝鮮半島、中国大陸をはじめ、台湾やベトナム、タイ、インドに自生していて、それより西の地域にはありません。そのため、漆器は、東アジアを中心に発達してきました。漆器に装飾を施すことを「加飾《かしょく》」と言いますが、どのような加飾を施すかということに、それぞれの国柄・土地柄が表れています。

たとえば、アジアのさまざまな国々で螺鈿《らでん》という技術が発達しました。これは、夜光貝やアワビなどの貝殻を薄く加工して漆器の表面に彫り付け、紋様《もんよう》を施す装飾です。八世紀に唐の長安《ちょうあん》から遣唐使が日本に伝えたとされる「螺鈿紫檀《したん》五絃琵琶」などが、その好例でしょう。五絃の琵琶は天竺《てんじく》（古代インド）を源とする楽器で、椰子《やし》

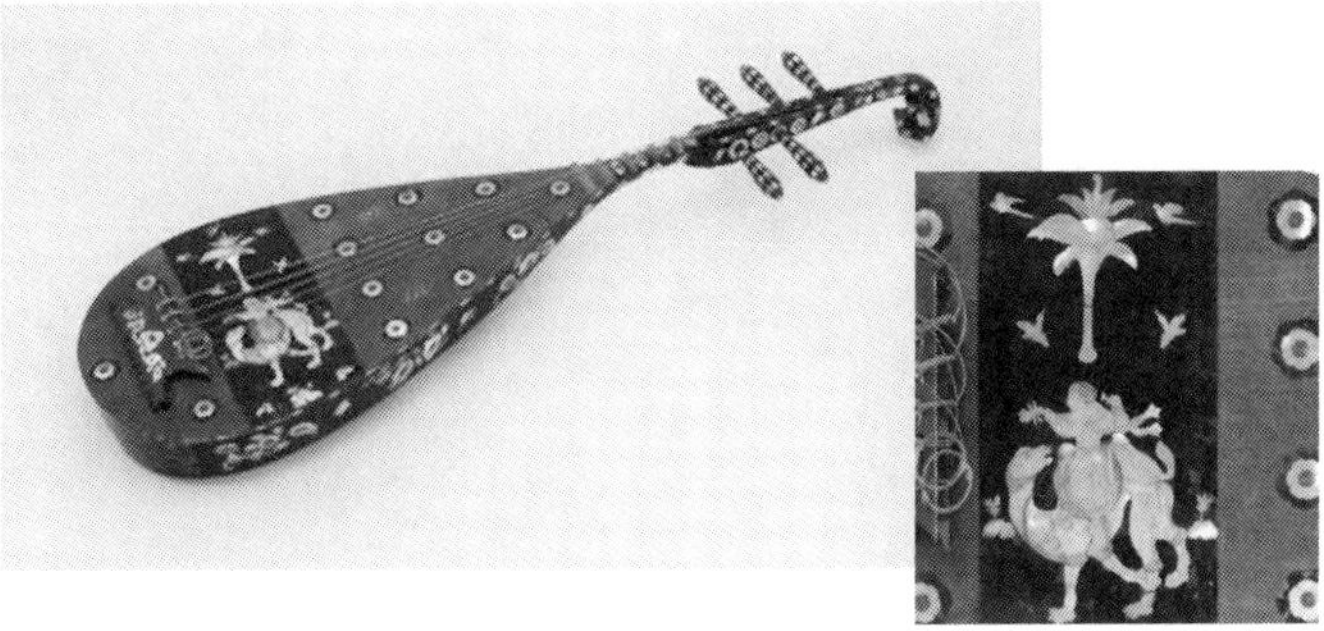

螺鈿紫檀五絃琵琶（正倉院宝物）

の木と駱駝《らくだ》の背に乗る楽人が琵琶を奏でる意匠はペルシャ系のものと思われます。琉球には琉球独特の螺鈿が、朝鮮には朝鮮独特の螺鈿が発達しました。

一方、日本においては、特に「蒔絵《まきえ》」という技術が高度に発達していきます。これは、文字どおり、金や銀などの粉を漆の表面に蒔《ま》くことを基本として、表面に紋様を描く手法です。奈良時代に始まったとされ、平安時代には、鳥や雲、宝相華《ほうそうげ》（唐草模様の一種）などを蒔絵で描き、華麗に装飾した経箱《きょうばこ》などが現れます。仁和寺《にんなじ》の「宝相華迦《か》陵頻《りょうびん》伽《が》蒔絵冊子箱」などが有名です。

## 豊かな表現を可能にした「日本の蒔絵技術」

蒔絵には、さまざまな技法が開発されています。

最も古いものから挙げると、まずは「研出蒔絵《とぎだし》」です。これは奈良時代から伝わる技法で、「漆で紋様を描き、そこに粉を蒔いて固着させたうえで、全体に漆を上塗る。乾いたら、表面を砥いで紋様を出す」というものです。

平安時代になると、粉の製造技術の発達により、漆をつけた筆で紋様を描き、そこに粉を蒔いて定着させる手法が可能となります。これを「平《ひら》蒔絵」と言います。さらに鎌倉時代になると、紋様を立体的に肉付けしたうえで蒔絵を施す「高《たか》蒔絵」が考案され、以上、三つの基本的な技法が完成されます。

これらの技法は単独で用いられるだけでなく、通常は、他の技法と組み合わされて用いられます。たとえば、風景を描くにしても、手前の近景は高蒔絵で、中間の景色は平蒔絵で、遠景は研出蒔絵といった具合です。それによって、風景を立体感豊かに表現することが可能になったのです。

室町時代には、こうした技を駆使しながら、和歌や漢詩などを画題とする、いわゆる「歌絵《うたえ》蒔絵」と呼ばれる優雅な意匠が誕生します。代表的なものとしては、「塩山《しおのやま》蒔絵硯箱」（京都国立博物館蔵）があります（口絵参照）。この蓋に施された意匠は、『古今和歌集』の次の歌に因《ちな》んでいます。

しほの山　さしでのいそに　すむ千鳥　きみがみよをば　やちよとぞなく

読み人知らず

（しほの山のさしでの磯に棲む千鳥も、君の御代がいつまでも続くことを祈って鳴いている）

すなわち、この歌を題材として、蓋の表面には、波や岩、千鳥などの磯の景色が描かれ、四つの岩の中に「志本能山散新亭（しほのやまさして）」の七文字が、そして裏面も同様に「君加見代遠盤（きみがみよをば）」の六文字が描かれているのです。

こうした蒔絵が施された調度品を使う姫や殿方は、蒔絵が象徴している和歌や物語の場面を当てることができたでありましょう。和漢の文学の教養に裏打ちされた、極めて優雅な、王朝文化的な世界ではないでしょうか。

日本の蒔絵の技術と意匠は、室町時代から江戸時代にかけて、円熟の極致に至ります。そして、その蒔絵の最高峰と言われるのが、江戸時代につくられた「初音《はつね》の調度」（徳川美術館蔵）です。これは、三代将軍徳川家光の長女・千代姫が、尾張徳川家二代・光友《みつとも》に嫁入りする際に持参した婚礼調度であり、厨子棚《ずしだな》、黒棚、書棚、貝桶《かいおけ》（口絵参照）、手箱、鏡台、櫛箱、文台《ぶんだい》、硯箱など、数十点からなる豪華な調度群です。『源氏物語』の初音の帖《じょう》にある

**年月を　松にひかれて　ふる人に　今日鶯《けふうぐいす》の　初音きかせよ**

〔長い年月、小松〔別れて暮らす娘のこと〕の成長を待ち続けてきた私に、今日は、鶯の初音〔便りのこと〕をお聞かせください〕

の歌意が、蒔絵として華麗に意匠化されていて、その豪華さは「日本一の嫁入り道具」と呼ばれるほどです。

## 黒と金の対比が美しい「高台寺《こうだいじ》蒔絵」

蒔絵の多くは、今述べたように、貴族趣味的な優雅な世界を表現するものでしたが、戦国の世に入ると、もう一つ、新しい感覚のものが現れてきます。

それが「高台寺《こうだいじ》蒔絵」と呼ばれるものです。高台寺とは、豊臣秀吉の正室・北政所（高台院）が、京都の東山に秀吉の菩提を弔うために建立したお寺です。その境内にある霊屋《おたまや》の内陣に描かれた蒔絵紋様が、高台寺蒔絵の由来となっています。

高台寺蒔絵の特徴は、一言で言えば、黒と金色の対比の美しさです。漆黒《しっこく》とも形容される黒漆を下地に、菊《きく》、萩《はぎ》、桔梗《ききょう》などの秋草がシンプルかつ大胆な構図で力強く描かれ、その金色の紋様のコントラストが美しく際立っているのです（口絵参照）。

王朝文化を継承し、「雅び」でありつつも、その対極である「侘《わ》び」という美意識を取り入れた、新しい構成美が誕生したのです。戦国乱世を生き抜いた武将たちの美意識を反映したものと言えるでしょう。

## 蒔絵、japan（漆器）は欧州へ

ちょうどその頃、南蛮人と呼ばれるポルトガル人やスペイン人が日本にやって来ることになります。それはキリスト教の宣教師たちです。彼らは、日本に到る途中、インドやフィリピンなどの寄港先で、その都度、本国から持ってきた祭具を現地の漆器職人に見せ、同じものをつくらせていました。特に螺鈿に魅かれたようです。

その彼らが日本に来て、さらに魅了されたのが、漆黒の漆の中で金色に燦然《さんぜん》と輝く高台寺蒔絵や歌絵蒔絵の美しさでした。彼らは今度は、日本の漆器職人に、聖書を載せる「書見台」や、キリスト像や聖母像を納める「聖龕《せいがん》」などの祭具を発注するようになります。しかも、蒔絵だけでなく、日本へ来る途中で見た螺鈿を加えさせ、それらを隙間なく埋め尽くしたものをつくらせたのでした。

それは、南蛮人の商人たちも知るところとなり、やがて、さまざまな輸出品がつくられるようになります。特に船簞笥《ふなだんす》や洋櫃《ようびつ》などは南蛮人に大いに珍重され、大量に発注されました。こうして制作された漆器を総称して、「南蛮漆器」と呼びます。

徳川の世になり、スペインやポルトガルとの貿易が禁じられ、ヨーロッパの貿易相手がオランダ一国になると、今度は、オランダ商人によって多くの漆器が海を渡っていくことになります。

それに伴って、蒔絵の様式にも変化が表れます。南蛮漆器では、蒔絵と螺鈿が隙間なく施されていましたが、それに対して、黒漆の部分（余白）を多く残す様式が主流となっていったのです。また、平蒔絵に加え、高蒔絵が多用され、より豪華で気品あふれる品々が制作されました。当時、オランダ人を「紅毛人《こうもうじん》」と呼んだことから、これらは「紅毛漆器」と呼ばれます。

この紅毛漆器は、ヨーロッパでますます人気を集め、王侯貴族が競って買い求めるようになりました。やがて、漆器は産地の名を冠して、「japan」と呼ばれるようになり、ヨーロッパ中に知られるようになります。今日でも、辞書でjapanを引くと、「漆」「漆器」という意味が出てきます。日本の代名詞になるほど、日本の漆器、特に日本の蒔絵は評判になったわけです。

日本の漆器を愛したヨーロッパの王侯貴族に、オーストリアの女帝マリア・テレジアとその娘マリー・アントワネットがいます。

マリア・テレジアは、「私はダイヤより漆器」と語ったと言われるほどの愛好家で、シェーンブルン宮殿に「漆の間」をつくり、多くの蒔絵を集めていました。

そのマリア・テレジアの死後、母の形見として、蒔絵コレクションを受け継いだのが、フランスに嫁いでいたマリー・アントワネットでした。遠く東洋からもたらされた金蒔絵を施した小さな香道具などが、母との思い出の品になったのです。その彼女も日本の蒔絵を愛し、コレクションを増やしています。現在、それらはヴェルサイユ宮殿美術館等に残されています。

また、ブルボン王朝の宮廷サロンで愛用された家具で、蒔絵箪笥の扉の蒔絵をはがして、当時、流行のデザインだった猫足の家具にマウントしたものが、イギリスのビクトリア&アルバート美術館に残されています。蒔絵は、日本以外のどの国の職人にも修理や再現ができない技術であったため、その部分だけを他の器物にはめ込むなどして、長く活用したわけです。

イギリスでは、ロンドンから北へ一六〇キロのスタンフォードにある貴族の邸宅「バーリー・ハウス」の図書室の特製展示家具の中にも、江戸時代中期に日本から輸出された蒔絵が百点近く所蔵されています。

## 今なお世界を魅了する日本の蒔絵

蒔絵を中心に漆器について語ってきましたが、蒔絵は、今日においても、世界に類を見ない高度な工芸品として、群を抜いています。

一例を挙げると、寛文《かんぶん》元年（一六六一年）創業の漆匠「象彦《ぞうひこ》」は、世界三大高級時計メーカーの一つ、ヴァシュロン・コンスタンタンと共同で、メティエダール「ラ・

サンボリック・デ・ラック」シリーズという高級腕時計を制作しています。

これは、文字盤側と裏面の両面に「雪月花」をモチーフとした蒔絵を施したもので、職人の手によって完成までに九カ月以上の月日を要したそうです。海外の展示会では瞬時に完売したと言いますから、日本の蒔絵は、今なお世界の人々を魅了し続けていると言えるでしょう。

### コラム　陰翳《いんえい》の中の漆器の美しさ

黒漆の中に金色の紋様が輝く蒔絵は、明るいところで、その美しさを味わうだけでなく、むしろ薄暗い中にあってこそ、味わいが深まるものであることをご存じでしょうか。

そのことを再発見したのは、小説家の谷崎潤一郎です。

大正十二年（一九二三年）、関東大震災で被災し、京都に居を移していた谷崎は、「わらんじや」という料理屋に行きます。その頃、電灯が庶民に行きわたり、ほのかな薄暗い空間がなくなってきた時期で、彼は、その料理屋でロウソクの灯《ともしび》だけの薄暗がりを楽しむことを期待していました。そこで、主人にわざわざ依頼して、行灯式《あんどんしき》の電灯から元の燭台に替えさせたところ、あることに気づきます。谷崎の随筆『陰翳礼讃《いんえいらいさん》』には、次のように記されています。

「その時私が感じたのは、日本の漆器の美しさは、そういうぼんやりした薄明りの中に置いてこそ、始めてほんとうに発揮されるということであった。『わらんじや』の座敷というのは四畳半ぐらいの小じんまりした茶席であって、床柱や天井なども黒光りに光っているから、行燈式の電燈でも勿論《むろん》暗い感じがする。が、それを一層暗い燭台に改めて、その穂《ほ》のゆらゆらとまたたく蔭にある膳や椀を視詰《みつ》めていると、それらの塗り物の沼のような深さと厚みとを持ったつやが、全く今までとは違った魅力を帯び出して来るのを発見する」

確かに、昔の日本人にとって、夜の闇は身近な存在であったはずです。それ故《ゆえ》、闇と光がつくり出す陰翳の綾にも美を見出していたのでしょう。私たちは明治以降、便利さを追究し、明るさを求めてきましたが、その反面、闇の中で育まれてきた日本人特有の美意識を失ってしまったのかもしれません。

さらに谷崎は、『闇』を条件に入れなければ漆器の美しさは考えられないといっていい」と指摘したうえで、古《いにしえ》の工芸家たちは、薄暗闇の中で蒔絵がどのように見えるかを計算して、つくっていたはずだと推測しています。

日本人に、こういう美的感覚もあったとは驚きです。満開の花を愛でるだけでなく、雪の中のつぼみや、風にはらはらと散っていく姿をも愛《いと》おしむ日本人の美意識。満月《まんげつ》だけでなく、三日月《みかづき》も、有明《ありあけ》の月も、雲居《くもい》のかかる月も、雨に隠れる無月にさえ、あはれを味わう日本人の美意識。闇の中にかすかに輝く蒔絵には、そんな日本人の繊細な美意識が結晶化されているのです。

# 2　やきもの

## 世界で最も多様な美意識

日本のやきものの歴史も漆器と同じように古く、約一万二千年もあります。最初のやきものは「土器」と呼ばれるもので、みなさんも歴史の授業で、縄文土器や弥生土器という言葉を聞いたことがあるでしょう。日本人は、太古の昔からやきものをつくってきたのであり、実に多くの種類のやきものが各地に存在しています。その多様さは、世界のどの国に比べても勝るものです。日本は、やきものの宝の国なのです。

やきものは、大きくは「土器」「陶器」「磁器」の三つに分けられます。

### ―1― 土器（素焼き）

土器とは、いわゆる素焼きの器です。粘土を六〇〇～一〇〇〇度ぐらいで焼いて形づくります。

縄文時代や弥生時代は、窯《かま》で焼くのではなく、粘土を練って成型し、十分に乾燥させたものを焚き火などと一緒に焼く「野焼き」という方法でつくられていました。

その後、五世紀頃から、窯を築き、窯の中で薪などの燃料と一緒に燃やし、より高い温度で焼成するようになります。

土器の段階では、まだ釉薬《うわぐすり》は用いられません。釉薬がない分だけ耐水性に劣る（通水性が残る）ため、水がゆっくりと浸《し》みていってしまうものではありました。

なお、伊勢の神宮では、神饌《しんせん》（神に奉る食事）を盛りつける器は、今でも土器が使われています。伊勢市の隣の明和町《めいわちょう》にある「神宮土器調製所」にて、地元の土をもとに土器がつくられ、祭祀などで使われた後は、すべて土に還《かえ》されているそうです。

また、それ以外の多くの神社でも、●直会《なおらい》の折には土器の盃《さかずき》が使われています。



**●直会**　神事の最後に、参加者一同で、神に供えた御神酒や神饌をいただくこと。

### ・なぜ、やきものを「瀬戸物」と言うのか

陶器とは、土器よりも高い一〇〇〇～一三〇〇度で焼かれたもので、そのほとんどが釉薬をかけられています。

この釉薬の発明は、窯の温度と関係があります。一二五〇度を超えると、窯の中で自然に釉薬ができます。燃料の木材が溶融剤となり、粘土の中の長石《ちょうせき》を溶かしてガラス質のものを形成するのです。そのため、土器でも、窯の状態によっては、自然釉《しぜんゆう》がかかったものが出来上がります。

そして奈良時代、尾張（愛知県）の猿投窯《さなげよう》で、窯の技術改良が進み、木灰を使った灰釉《かいゆう》を人工的に施した「灰釉陶器」が開発されるに至ります。何とも言えない緑色を帯びた光沢のあるガラス質の膜をつけることが可能となったのです。それによって耐水性が増し、素焼きの壺のように、中の水が外へ浸み出すことはなくなりました。こうして、日本においても「陶器」が誕生します。

この灰釉陶器は、やがて周辺の美濃や遠江《とおとうみ》、伊勢などに広がるとともに、技術も向上し、生産量が増大します。日本各地に運ばれ、貴族のみならず、庶民の間にも普及

していきました。これらの器は、形や●景色《けしき》において独特な風合いを持っていて、人々もこれらの風合いを愛玩しました。当時の古い陶器の壺や花入や皿が、現代まで名品としてよく伝えられています。現代まで続く代表的生産地としては、瀬戸《せと》（愛知県瀬戸市）・常滑《とこなめ》（愛知県常滑市）・越前《えちぜん》（福井県丹生《にゅう》郡）・信楽《しがらき》（滋賀県甲賀市）（口絵参照）・丹波《たんば》（兵庫県篠山《ささやま》市）・備前《びぜん》（岡山県備前市）があり、これらは総称して「日本六古窯《ろっこよう》」と呼ばれています。

さらに鎌倉時代には、この中の瀬戸が、猿投窯の伝統を受け継いで、より高度な技術に裏打ちされた各種の陶器を焼くようになり、陶器の一大生産地となります。やきもののことを「瀬戸物《せともの》」とも呼びますが、その由来はここにあるのです。

### ・茶の湯とのコラボレーション

第一章の草庵茶室のところで述べたように、鎌倉時代の初め、栄西《ようさい》と道元《どうげん》によって禅宗が招来されると、抹茶による喫茶の風がわが国に興《おこ》りました。

これに伴い、宋の国から、茶道具や観賞道具が高級舶来品として伝来します。これ

●**景色**　焼成した時に、器の表面に現れる模様や色などの変化のこと。

らには、陶器の茶碗や茶入のほか、磁器（白磁《はくじ》・青磁《せいじ》）の花瓶や壺や茶碗が含まれていました。具体的には、天目《てんもく》茶碗や肩衝《かたつき》茶入、青磁花瓶などです。

室町時代初期には、バサラ大名の間で、これらの唐物道具《からものどうぐ》を賭物《かけもの》とした「闘茶《とうちゃ》」が流行しますが、安土桃山時代には、唐物道具にこだわらない、ありあわせの道具を尊ぶ「侘び茶」が興隆してきます。すると、茶人の指導によって、侘び茶の美意識に適った和物の茶道具が、美濃の窯元でつくられるようになります。茶人の「好《この》み」と職人の「作」の協働によって、日本の陶器は、茶道具を軸にどんどん洗練されていったのです。

こうして誕生した新しいタイプの陶器が「志野《しの》」「黄瀬戸《きぜと》」などです。志野は、気泡状の白い表面にほのかな薄紅色がにじみ出た独特の陶器です（口絵参照）。黄瀬戸は、淡い黄褐色の陶器で、鉄褐色や緑色の釉《ゆう》で絵が施されている点が特徴です。

さらに、千利休の指導の下で、京の陶工・樂《らく》長次郎による「赤樂茶盌《あからくちゃわん》」「黒《くろ》樂茶盌」が誕生します。あえて、ろくろを使わずに、手捏《てづく》ねによってつくられたその形。加茂川石からつくった黒々とした釉薬をかけ、少し枯れ錆びて、石のような肌合いになったその姿。そこには、人の作為を感じさせない、あたかも太古よりそこにあったかのような佇《たたず》まいがあります。特に黒樂茶碗は、利休が目指した侘び茶の美意識を最もよく表した茶碗とされています（口絵参照）。

この千利休の弟子である戦国大名・古田重然《しげなり》（織部《おりべ》）の好みによって誕生したのが、「黒織部《くろおりべ》」です。これは、ろくろでつくった器に大胆な変形を加え、その表面に、白地に黒で幾何学的な紋様をあしらったものです。樂茶碗とは対照的に、作為によって明確な個性が与えられた、極めて斬新で前衛的な作風でありながらも、茶の湯の席にも似合う風情を獲得しています。

また、この頃、朝鮮より「井戸《いど》茶碗」というものが入ってきます。その名の由来は、「井戸のように深い茶碗だから」「井戸端で使われた飯茶碗だから」など、諸説あります。いずれにしても、日本では、「褐色を帯び、ろくろ目が残った表面」「大きく開いた口」「高台《こうだい》から口縁《こうえん》まで直線的に開いている形」などの侘びた風情が、茶人たちに大いに好まれました。やがて需要の高まりから、寸法や形などを図絵にして、人を介して朝鮮に発注することもあり、この方法によって入手されたものを、井戸茶碗と区別して「御本手《ごほんて》」と呼びます。

それ以外の茶碗では、「萩焼《はぎやき》」「唐津焼《からつやき》」「薩摩焼《さつまやき》」などが有名です。これらは、文禄・慶長の役の際、朝鮮半島から連れ帰った陶工たちに焼かせたものです。

今日、茶の湯の世界では、侘び茶にふさわしい茶碗の順として、「一樂《いちらく》、二萩《にはぎ》、三唐津《さんからつ》」という言葉が伝わっています。

**・華麗なる色絵陶器の登場**

もう一つ、江戸時代の初めには、華やかさを追求した陶器も誕生します。

京の都に、仁清《にんせい》という陶工が現れます。本名は野々村清右衛門《せいえもん》。洛北の仁和寺《にんなじ》の門前に窯を構えたことから、「仁清」と称するようになりました。

正保《しょうほう》四年（一六四七年）頃、仁清は、顔料で、蒔絵や着物の柄のような華麗な紋様を焼き付ける技法を開発します。いわゆる「色絵陶器」の誕生です。顔料の絵付けには、蒔絵や友禅の職人が当たったのではと推測されています。

青、赤、黄、緑、金、銀などを発色する金属系顔料には、それぞれの成分に対応する融点温度があります。そのため、制作する時は、「融点温度の高い顔料の絵付けと焼成《しょうせい》」から始め、順々に「融点温度の低い顔料の絵付けと焼成」をしていかなければ、前の工程で付けた顔料が溶けて落ちてしまいます。

また、これほど繊細な焼成となると、一つひとつの製品を耐火性の鞘《さや》（匣鉢《こうばち》）に納めて、それを窯の中に積み上げて焼成する必要がありました。炎や煤煙に直接さらしては汚れが付いてしまうからです。

さらに、金属顔料を鮮やかな色合いで発色させて仕上げるためには、酸化焼成ではなく、還元焼成で仕上げることも大切です。

酸化焼成とは、酸素が十分に供給された完全燃焼のことであり、還元焼成とは、酸素が足りない不完全燃焼のことです。つまり、還元焼成であれば、鮮やかに発色するものの、酸化焼成だと酸素と結合して酸化し、赤黒くなってしまうのです。

そこで、焼成の最終段階では、燃焼室の燃料を過剰にするとともに、空気口を粘土で塞いで窯の中を酸素不足にしつつ、焼成室の側面の小口から燃料を足して、焼成温度を制御しなければいけません。

このような高度で複雑な作業が、温度計も化学記号もない時代に行われたのです。これは、世界的に見渡しても類例のない最高水準の技術でした。

仁清が開発したこの技術は、京都のさまざまな窯元に普及していきます。仁清の作風にならった「仁清写し」が数多く生み出され、やがて、それらは全国に知られるようになっていきました。今日でも、仁清写しの食器は、茶事や料理の器としてよく登場します。仁清は、「京焼の祖」「色絵京焼の完成者」と呼ばれています。

色絵陶器と言えば、もう一人、尾形乾山《けんざん》がいます。仁清の下で色絵陶器の技術を習得した後、京の北西の山奥に窯を築いた陶芸家です。北西は乾《いぬい》の方角であることから、乾山と名乗りました。

乾山は、元禄時代の京のモードをリードしていた呉服商「雁金屋《かりがねや》」の三男として生まれます。一つ上の兄に、後に絵師として大成する尾形光琳《こうりん》がいます。兄弟は裕福な呉服商の息子として、友禅染や西陣織などの染織をはじめとする美術工芸に囲まれ、茶道・書道・和歌・能楽などの教養を学んで育ちました。

弟・乾山は、豊かに成熟しつつあった文化を背景に、和歌や物語、詩歌をあしらった、時に優雅な、時に侘びた、時に洒脱《しゃだつ》な器を生み出していきます。代表作の一つ「色絵十二ヶ月角皿」は十二枚の絵皿で構成され、それぞれの皿の裏には藤原定家《ていか》の和歌が、表にはその和歌にちなんだ絵が描かれています。王朝文化の伝統美あふれる雅びな陶器の誕生でした。

その後、乾山は、窯を洛中（京都市内）に移し、より広範囲の顧客に向けて、工夫を凝らした楽しい食器を量産していきました（口絵参照）。

乾山の作風にならった陶器は、後世、「乾山写し」と呼ばれ、仁清写しとともに京焼の代表的な作風となって生産されていきます。今日でも、懐石《かいせき》料理などの食器として重要な位置を占めています。

## 3　磁器

### ・透明感のある純白のやきもの

最初に土器がつくられ、次に陶器が誕生し、さらに磁器が生み出されます。

磁器とは、焼き締まった純白のガラス質のやきものです。陶器より高い温度で焼かれて硬度が高く、耐水性もあって、指で弾くと金属的な音がします。

磁器の起源は、十世紀の中国の後漢《ごかん》時代までさかのぼります。最初は、やや褐色のかかった粘土に、薄緑色がかった釉薬をかけた「越州窯青磁《えっしゅうようせいじ》」がつくられました。やがて北宋時代には、白化粧に線描で紋様を書いてから透明の釉薬を施した「白磁刻花《はくじこっか》」が誕生するとともに、本格的な「青磁」も生み出されます。青磁の青色は、雨上がりの空の色とも称せられた、玉《ぎょく》（翡翠《ひすい》）に通ずる品格のあるもので、鎌倉・室町時代に花瓶などが日本へ伝えられています。

本格的な白磁は、北宋の時代から元《げん》の時代にかけて、景徳鎮窯《けいとくちんよう》で発達しました。景徳鎮付近の山・高嶺《カオリン》で、長石を多く含んだ粘土が発見され、透明感のある純白の磁器をつくることが初めて可能となったのです。産出地にちなんで、この土は「カオリン」と呼ばれています。

この白い表面に、コバルトを主原料とした藍《あい》色に発色する顔料で、牡丹などの紋様を施した「青花磁器《せいか》」が開発されます。気品あふれる白磁の輝きに、鮮やかな藍色の紋様が描かれたこの磁器は、多くの人々を魅了し、日本や朝鮮、東南アジア、中東へと輸出されます。大航海時代が到来すると、ヨーロッパにまで広がりました。

特にヨーロッパの王侯貴族の間で一大ブームとなり、やがて磁器のことを英語で「china」と呼ぶようになりました。japanには漆器の意味もあると前述しましたが、今日でも、chinaには「磁器」あるいは「やきもの」という意味があります。

### ・西洋の食器に影響を与えた有田焼

ところが、十七世紀の半ば、中国大陸では、明《みん》から清《しん》へと王朝が変わる過程で政情が不安定になり、白磁の供給が滞《とどこお》ります。オランダの東インド会社は、代替措置として、日本に磁器を発注するようになります。

折しも、九州の有田地方では、元和《げんな》二年（一六一六年）に白陶土（カオリン）が発見され、高度な色絵磁器がつくられ始めた頃でした。日本の陶工たちは、オランダの求めに応じて青花磁器に勝るとも劣らない磁器をつくり出し、万治《まんじ》二年（一六五九年）から本格的にヨーロッパに向けた輸出が始まったのでした。

最初、その意匠は、青花磁器を模したもの（古伊万里《こいまり》様式）でしたが、次第に日本独自の工夫が加えられていきます。やがて、余白を残しつつ花鳥風月を色絵で描く「柿《かき》右衛門《えもん》様式」（口絵参照）や、藍と朱と金とを組み合わせた絢爛豪華な「金襴手《きんらんで》様式」が生まれ、これらが、中国製の磁器に代わり、ヨーロッパの王侯貴族を魅了していきます。なお、有田焼は、伊万里港から積み出されたことから、伊万里焼とも呼ばれています。

当時、ヨーロッパでは、有田焼のような、純白で薄くて硬く、華やかな色絵が施された磁器をつくることはできず、各国の王侯貴族や事業家は、何とかして製造法を見つけようと躍起になりました。それほどまでに、憧れの的であったわけです。

輸入元であるオランダでは、デルフトで有田焼の模倣が試み始められます。

有田焼の収集家だったドイツのザクセン選帝侯フリードリヒ・アウグスト一世は、錬金術師ヨハン・フリードリヒ・ベトガーに製造法の解明を命じます。ベトガーは五年の歳月をかけてようやく白磁の製造に成功。アウグスト選帝侯は、ドレスデン近郊のマイセンに王立磁器工場を建て、製造を開始させます。やがて、ここでつくられたドイツ柿右衛門写しがヨーロッパを席巻していきます。こうしてマイセンが、現代に続くティーカップなどの西洋風食器の規範となったのです。

　フランスでは、コンデ公によってシャンティー窯が開かれ、やがてセーヴル窯に引き継がれていきます。これらは乳白色の磁器でしたが、後にリモージュでカオリンが発見され、本格的な白磁がつくられるようになって、今日に至っています。

　イギリスでは、ボーンチャイナと呼ばれる磁器が発明されます。入手が困難だったカオリンの代わりに牛骨灰を混ぜて製作したため、ボーン（骨）がその名に冠されています。現在、ボーンチャイナの名門としては、イギリスのウェッジウッド、デンマークのロイヤルコペンハーゲン、イタリアのリチャード・ジノリなどがあります。

　現在のヨーロッパの陶磁器メーカーの源流は、実は、日本の有田焼であり、「同じものをつくりたい」というヨーロッパの人たちの情熱であったわけです。

　明治時代になると今度は、洋風食器として、ボーンチャイナの磁器が日本にもたらされるようになります。それに対して日本国内でも、洋風食器の製造が始まり、ノリタケや鳴海製陶、大倉陶園など、多数の優れた日本製ボーンチャイナ企業が成長していきます。

これらの高度な芸術的作品は、欧米各国で称賛されます。それもそのはず、日本には、有田焼の頃から色絵磁器製造の蓄積があり、これにヨーロッパ風の意匠を複合した華麗なる磁器をつくり出したからでした。往時の傑作であるオールド・ノリタケコレクションは、現在、愛知県名古屋市のノリタケ・ミュージアムに展示されています。

こうして磁器は、東洋と西洋を行き来して、相互に影響を与えながら発展してきたのです。

## やきもの大国・日本

以上、やきものの歴史と魅力について紹介してきましたが、日本には、まだまだ数多くの陶磁器があります。伝統的工芸品として経済産業大臣に指定されているものだけでも、次のようなやきものがあります。

改めて北から、会津本郷焼《あいづほんごうやき》・大堀相馬焼《おおほりそうまやき》（福島）、益子焼《ましこやき》（栃木）、笠間焼《かさまやき》（茨城）、九谷焼《くたにやき》（石川）、越前焼（福井）、美濃焼（岐阜）、常滑焼・赤津焼《あかづやき》（愛知）、萬古焼《ばんこやき》・

伊賀焼（三重）、京焼（京都）、信楽焼（滋賀）、出石焼《いずしやき》・丹波焼（兵庫）、石見焼《いわみやき》（島根）、萩焼（山口）、大谷焼《おおたにやき》（徳島）、砥部焼《とべやき》（愛媛）、上野焼《あがのやき》（福岡）、唐津焼・伊万里・有田焼（佐賀）、三川内焼《みかわちやき》・波佐見焼《はさみやき》（長崎）、小代焼《しょうだいやき》（熊本）、薩摩焼（鹿児島）、壺屋焼《つぼややき》（沖縄）があります。

また、このほかにも、著名な窯元や陶芸作家等がいます。残念ながら、すべてを紹介することはできませんが、それぞれの窯元に、その土地に根ざした独自の陶磁文化が伝わっていて、それぞれに美の峰があります。旅に出られた時は、そこでのやきものを手に取られ、是非一つひとつ味わっていただきたいと思います。

### コラム　もてなしを極めた料理「懐石料理《かいせきりょうり》」

やきものでは、茶の湯で使う茶碗についても語りました。第一章では、茶の湯の歴史と茶室についても触れたので、せっかくですから懐石料理《かいせきりょうり》についても紹介しておきましょう。

懐石料理とは、亭主が客人を茶室に招いて、茶をふるまう「茶事」において供される軽い食事のことです。空きっ腹に濃茶（および薄茶）は刺激が強すぎるため、茶の前に、約一時間半かけて亭主が客に一定の手順で料理をふるまうのです。

なぜ「懐《ふところ》の石」と書くのでしょうか。禅寺において修行僧は寒さと空腹に耐えるため、焚き火などで石を温め（温石《おんじゃく》）、それを布に包んで懐に入れていました。そこで、一時の空腹をしのぐ程度の粗飯《そはん》という謙遜《けんそん》の意味を込めて、「懐石」と呼ぶようになったとの由です。

なお、世の中には、「会席料理」と表記されるものもあります。懐石料理と会席料理は違います。懐石料理は、茶の湯の茶事のための料理であるのに対して、会席料理は、一般的には、酒席を盛り上げる料理として出されます。旅館で出される料理や、普通の料理屋で内々の新年会・忘年会などに出される日本料理は、ほとんどの場合、この会席料理になります。今日において、然るべき賓客を然るべくおもてなしをいたす時は、然るべき料亭で懐石料理を供するべきでありましょう。

さて、懐石料理の内容や手順は、当初は、さまざまな茶人がそれぞれに工夫していましたが、次第に様式が整い、今日では「飯《めし》・汁《しる》・向付《むこうづけ》・煮物碗《にものわん》・焼物《やきもの》・強肴《しいざかな》・八寸《はっすん》・箸洗《はしあらい》・香物《こうのもの》」というように定められています。

この懐石料理の特徴としては、「決められた手順と作法に従って、一品ずつ、少しずつ、亭主が客に提供する」「旬のものを使う」「温かい料理は温かいうちに、冷たい料理は冷たいうちに出す」などが挙げられます。今から見ると当たり前のように感じますが、当時としては大きなイノベーションでした。

室町から江戸時代、武家や貴族における正式な饗応《きょうおう》料理としては、「本《ほん》膳《ぜん》料理」と呼ばれるものがありました。西洋で言えば、最上級のフルコースに当たるでしょう。ただ、豪華ではありましたが、季節にかかわらず、型通りの献立《こんだて》であり、食べきれないほどの量の料理が一度に並べられ、また、作り置きのものもあり、冷めたものも多かったと思われます（なお、本膳料理は、婚礼料理や正月の御節《おせち》料理などに名残を留めています）。

つまり、茶の湯の精神である「一期一会のおもてなし」を料理においても徹底し、まさしく、客人に喜んでいただく料理として編み出されたのが、懐石料理であったわけです。

この懐石料理は、もてなしの精神からいって、本来、亭主自らが調理を行い、手順に従って客人に供するものでした。とはいえ、多忙な茶人にとっては一大事です。そこで、料理人を自宅に呼んで料理させる、あるいは、料理屋でつくらせて自宅に運ばせる（仕出し）ことによって乗り切ろうということになりました。こうして、懐石料理を専門につくる料理人が誕生していきます。さらに、懐石料理を提供する懐石料理店、すなわち料亭も現れます。茶室が備わっていれば、茶事そのものをその店で開くことも可能になりました。

そして、懐石料理店の先駆けとなったのが、稀代の美食家・北大路魯《ろ》山人《さんじん》が主宰する美食倶楽部の会員制料亭「星ヶ岡茶寮《さりょう》」でした。大正十四年（一九二五年）に東京の永田町で開業し、政財界の美食家たちをうならせたそうです。

また、大阪には、湯木貞一《ゆきていいち》という料理人が現れます。昭和五年（一九三〇年）、「御鯛茶処《おんたいちゃどころ》 吉兆」を開店し、懐石を軸にした新しい日本料理を創造していきます。料亭・吉兆の華麗なる料理は評判となり、四人の娘たちが弟子の料理人とともに支店を東京・京都・船場《せんば》・神戸へと展開していきました（後に船場吉兆は閉店）。さらに、彼は、自身の料理の世界を写真集として出版し、惜しみなく紹介しました。高額な写真集は完売し、全国の多くの料理人が参考にしたといいます。今日、吉兆の影響を受けていない懐石料理店・料亭はないといっても過言ではありません。故《ゆえ》に、吉兆は、日本料理の最高峰とも呼ばれています。

# 3　染織《せんしょく》　世界に卓越した染織技術

## 「染物」と「織物」

三番目に、日本の染織《せんしょく》工芸について話をしましょう。日本の染織とは、和装つまり日本の着物のことです。日本には、日本独自の着物の文化があります。

染織には大きく分けて「染《そめ》」と「織《おり》」があります。

まず、糸を織って布をつくり、それを染めたものを「染物」、略して「染《そめ》」と呼びます。たとえば、友禅染がその代表でしょう。

一方、色を染めた糸を織り上げたものを「織物」、略して「織《おり》」と呼びます。代表例は、西陣織でしょう。

そもそも、私たちが何気なく着ている洋服を含めて、世界の染織の多くは「染」か「織」に分かれます（厳密に言うならば、「編《あみ》」や「繍《ぬい》」〔口絵参照〕などもありますが、ここでは略します）。そして、両者はそれぞれに生地や紋様の風合いが異なります。そこで、着物の着用に際しては、「染の着物に織の帯」あるいは「織の着物に染の帯」という組み合わせが基本となります（ただし、紋様などの加減から、あえて、染と染、織と織を組み合わせることもあるので、必ず守らなければいけない規範ではありません）。

## 染物の王者「友禅染」

友禅染は、江戸時代中期（元禄時代）、京都で活躍した扇絵師・宮崎友禅斎によって発明されたと言われています。扇に絵を描く画風を着物の意匠に取り入れて、華麗な模様染めを始めたわけです（口絵参照）。

布を染める技術は古くからさまざまにありましたが、友禅染では、「手描き友禅」と呼ばれる手法が開発されています。まず図案の輪郭を描き、その輪郭線に沿って、防染剤（染料がにじむのを防ぐ糊《のり》）を細い管から絞り出しながら置いていき、その内側を筆で染色していきます。それによって、隣同士の色が混ざることなく、一色一色はっきりと鮮明に染めることができるのです。これは、多種類の色を自由に染め分けられる画期的な技法でした。

こうして生み出された、花鳥風月などの華やかな紋様は人々を魅了し、友禅染は大流行します。京では雅《みや》びなる京友禅が、江戸では粋《いき》な江戸友禅（後の東京友禅）が発展していきました。また、友禅斎は加賀国《かがのくに》の前田家《まえだけ》に招かれてその技術を伝え、加賀友禅も盛んになります。これらの友禅染は、その美しさから、世界最高の染色技術と言われています。

その後、明治時代には、型紙を用いて繰り返して連続模様に染めていく「型友禅」という、量産向きの手法も開発されています。

## 織物の王者「西陣織」

一方、織物の歴史は古く、五世紀頃の古墳時代にまでさかのぼります。アジア大陸からの帰化人である秦氏《はたし》が、京都の太秦《うずまさ》に移り住み、養蚕《ようさん》と絹織物の技術を伝えたのが始まりと言われています。

奈良時代には、秦氏がもたらした絹織物技術を受け継ぐ職人たちを、織部司《おりべのつかさ》という役所の下に組織し、そこで高級織物を生産させるようになります。ところが、平安時代中頃になると、官営の織部司は衰退。そこで、職人たちは拠点を織部町から近くの大舎人町《おおとねりちょう》に移し、鎌倉時代には、「大舎人の綾」や「大宮の絹」と呼ばれる優れた絹織物を生産するようになります。

その後、応仁の乱が起きると、彼らは戦乱を避けて疎開し、十年後に乱が終わると、戦乱時に西軍（山名宗全《そうぜん》）の本陣があった大宮今出川《おおみやいまでがわ》付近で織物業を再開します。西陣織という名称は、この西軍の本陣跡ということに由来しているのです。

さらに江戸時代になり、泰平の世が訪れると、西陣は、高級織物の産地として大繁栄し、最盛期を迎えます。生糸の生産が追いつかないため、清国産の生糸を輸入するほどであり、その勢いは、他の産地の追随を許さないものでした。こうして西陣織は、日本を代表する絹織物となったのでした。

西陣織は、かつては「高機《たかはた》」（空引機《そらびきはた》）と呼ばれる機《はた》をつかって、二人がかりで織られていました。現代では多くが自動化されていますが、それでも精巧な絵柄の織物は、昔ながらに職人の手の技によって丁寧に織り込まれています。金糸《きんし》や銀糸《ぎんし》、さまざまな色に染めた糸を複雑に組み合わせ、華やかな模様をつくり出す西陣織は、世界最高の手織り技術と言われています（口絵参照）。

ちなみに、「友禅染の着物」に「西陣織の帯」が、和装の代表的な取り合わせとされています。

## 染物のお洒落着《しゃれぎ》「和更紗《わさらさ》」「紅型《びんがた》」「江戸小紋《こもん》」

友禅染や西陣織は、礼装にふさわしい染織ですので、次に、お洒落着《しゃれぎ》についても触れましょう。お洒落着とは、「礼装ではない」、つまり「結婚式などの晴れの式典には着ていけない」という意味ですので、ご注意いただきたいと思います。

染のお洒落着として、まずは「和更紗《わさらさ》」があります。

和更紗とは、日本製の更紗という意味で、更紗とは、もともとはインドを発祥としてインドネシア方面で発展した染物です。おもに褐色を中心に幾何学模様を染めた綿《めん》布《ぷ》で、江戸時代、南蛮貿易を通じて日本にもたらされました。南国的な雰囲気の紋様に人気が高まり、やがてそれを模倣して日本独自の柄に改良したものが、国内でも製作されるようになります。天草更紗、長崎更紗、堺更紗、京更紗、江戸更紗などが有名で、エキゾチックでシックなお洒落用の着物として仕立てられました。

次に、「紅型《びんがた》」と呼ばれる染物を紹介します。これは琉球王朝の王家や士族の衣装として染められたものです。また、琉舞《りゅうぶ》（琉球舞踊）のための衣装でもありました。紅色を中心に黄色や緑、紫を使って、草花や宝船などの吉祥紋が描かれ、華やかで南国的な雰囲気が漂っています。これは、薩摩藩を通じて本土にもたらされ、京友禅に影響を与え、「京紅型《きょうびんがた》」と呼ばれる友禅染も誕生しています。

型紙を使った染物としては、「江戸小紋《こもん》」が挙げられます（口絵参照）。そもそもは武士の裃《かみしも》（肩衣《かたぎぬ》と袴）を、極めて細かい紋様を白抜きして藍色に染めたのが始まりです。江戸時代、平和になると、諸大名は競って豪華に着飾るようになりました。それを憂えた幕府が贅沢禁止令を発したため、遠目からは無地に見えるよう、柄《がら》を細かくしたのです。

染め方としては、まず、細かい紋様を彫った型紙をつくり、

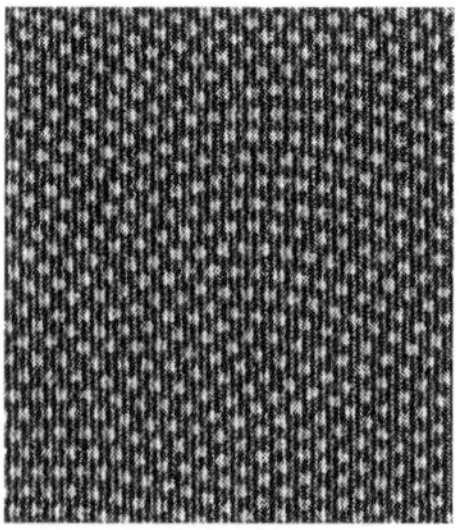
江戸小紋・柄名「鮫」
（小宮康孝・康正作）

それを使って生地の上に糊（防染剤）を付けていきます。そして全体を地染めしたうえで水洗いをして糊を落とすと、その糊を置いた部分が白く浮き出るというわけです。遠くからは無地に見え、近くに寄ると連続模様が浮き上がるというのは、江戸っ子の「粋《いき》の美学」に通じたのでしょう。これは町人の間でも大流行しました。型屋と染屋は、その細かい柄にこだわって、技を競い合ったと言われています。

現代の名工では、小宮康孝《やすたか》氏・康正《やすまさ》氏の親子の仕事が著名です。

## 織物のお洒落着《しゃれぎ》「絣《かすり》」「紬《つむぎ》」「上布《じょうふ》」

織のお洒落着《しゃれぎ》として代表的なものは、「絣《かすり》」と「紬《つむぎ》」と「上布《じょうふ》」です。「絣」とは、あらかじめ部分的に染め分けた糸を使い、比較的素朴な紋様を平織《ひらおり》で織り上げたものです。

まず絵柄となる図案を設計し、それが縦糸と緯《よこ》糸のどこに当たるかを分析して、それぞれの糸の染めない部分を決定します。そして、そこを糸で括《くく》って防染したうえで全体を染め、乾かしながら防染材の糸をほどくと、染め分けられた糸が出来上がります。これを絣糸《かすりいと》と言います。この絣糸を使って織っていくと、設計したとおりの図案の紋様が浮かび上がってくるわけです。紋様には、手仕事ゆえのにじみが表れ、それがかすれて見えたので、「かすり」と呼ばれるようになったとも言われています。

織り方は、平織と言って、縦糸と緯糸を一本ずつ交互に織り込む方式です。最も単純なものですが、非常に丈夫につくられています。そのため、絣の着物は、普段着として大変重宝されました。

この絣のルーツはインドとされ、インドネシア等を経て、琉球経由で伝わったとされています。正倉院には、飛鳥時代の絣の織物が残されており、古くに伝わったことが窺《うかが》えますが、本格的な発達は、江戸時代中期になってからです。現在、国内の代表産地としては、琉球絣（沖縄）、大島紬《つむぎ》（鹿児島）、薩摩絣（鹿児島）、久留米絣（福岡）、伊予絣（愛媛）、備後絣（広島）、大和絣（奈良）などがあります。

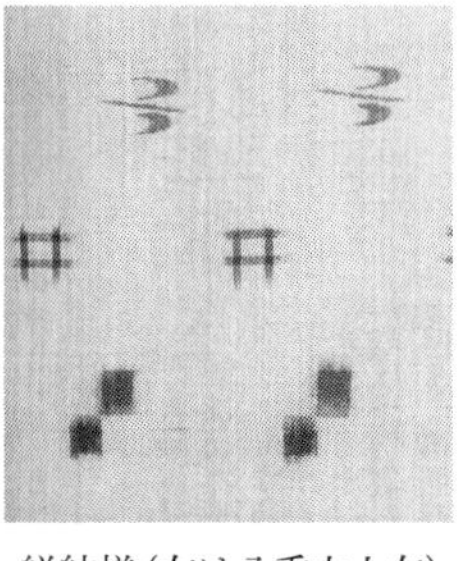

絣紋様（布は八重山上布）

糸は、木綿《もめん》、絹、麻などが用いられますが、このうち、特に真綿《まわた》から紡いだ絣糸で織ったものは「紬《つむぎ》」と呼ばれています。

真綿は、綿（コットン）ではなく、絹（シルク）の一種です。養蚕農家では、上質な繭は生糸の原料として高く買い取られていきますが、通常より早く羽化してしまったため穴が開いた繭や、複数の繭がくっついてしまった玉《たま》繭など、多くの不良品の屑《くず》繭が残ります。これを何とか利用しようということで、屑繭を精錬し、水洗いしつつ引き伸ばして綿状にしたものが、真綿なのです。そして、この真綿から手作業で紡いでできた糸のことを「紬糸《つむぎいと》」と言います。

この紬糸で織った織物が「紬」であり、その特徴は、「手紡ぎならではの太さの不均一」と「絹糸ならではの上質な（生糸に比べればやや渋い）光沢」という二つの特性を持った、何とも言えない豊かな風合いにあります。

養蚕農家の倹約から生まれた「紬」は、江戸時代、諸藩の殖産興業政策として奨励され、精巧な絣や縞模様が施され、町人たちに向けて販売されていきました。特に米沢紬（山形）、結城《ゆうき》紬（栃木・茨城）、信州紬（長野）、小千谷《おぢや》紬・塩沢紬（新潟）、牛《うし》首《くび》紬（石川）などが有名です。

もう一つ、夏のお洒落着として、麻を使った「上布《じょうふ》」を紹介したいと思います。

上布とは、夏用の上等な麻織物のことです。古来、麻は衣料の主要な材料の一つとして使われてきました。伊勢の神宮では、絹を和妙《にぎたえ》、麻を荒妙《あらたえ》と呼び、これらを毎年五月と十月の二回、神前に奉納する神御衣祭《かんみそさい》が行われています。

麻は、四季を通じて通気性や保温性に優れた安価な日常衣料でしたが、江戸時代になって木綿（コットン）の栽培が拡大して、その普段着の位置を木綿に譲ることになります。それでも、麻の持つさわやかさは夏には欠かせない着心地であったため、麻の栽培に適した地域の諸藩では、上布の生産が大いに奨励されました。越後上布（新潟）、近江《おうみ》上布（滋賀）、宮古上布（宮古島）などが知られています。

さらには、糸芭蕉（糸バナナ）の幹から取り出した繊維を糸にして、絣《かすり》を施して織った芭蕉布《ばしょうふ》が、夏のお洒落着として知られています（口絵参照）。芭蕉布は麻の上布よりも軽く、堅く、張りがあり、さらりとして通気性に富んでいます。沖縄県国頭郡大《くにがみぐんおお》宜味村《ぎみそん》の喜如嘉《きじょか》の平良敏子《たいらとしこ》女史の芭蕉布の復活の取り組みが有名です。

## コラム 着物を着ることの喜び

日本の染織工芸について語ってきましたが、やはり、実際に袖《そで》を通してこそ、その味わいがわかるというものです。私は、お正月やお茶会の時、能や歌舞伎等を観劇する時、また、和の文化についてお話しする舞台に立つ時など、なるべく和服を着るように心がけています。

いつも思うことがあります。着物を着ると、何やら寿命が延びたような気持ちになるのです。自分が江戸時代や、あるいは室町や鎌倉時代から侍として生きていたような気分になるのです。腰に差した扇は、大小の刀にも思われてきます。大和魂を一身に背負ったような気概に満ちあふれてきます。日本文化の伝統とともに生きていることを実感します。

また、常々その着物の姿について考えるのです。どうして着物は日本人に似合うのだろうかと。若い方でも、年配の方でも、着物を着るとぐっと引き締まった姿になります。背の高い方から低い方、痩せた方でも太った方でも、着物を着ると、どなたも格好よく決まります。どんなスタイルの方でも似合うのが、着物の優れたところです。

ただ、現代では、着物を着て外出する時には、少し勇気が必要です。着物姿で街を歩く、電車に乗る、新幹線に乗る、飛行機に乗る、世界の街を歩く。その時には、やはり人の目が気になります。正直に言って、目立ちすぎるのではないか、浮き立つのではないか、非常識と思われはしないかと心配になります。

しかし、「きょうは是非とも着物を着ていこう」と思い至ったのであれば、気合を入れて、そこを突破しなければいけないわけです。そうして邪念を吹っ切ると、不思議なことに、「よし、私が日本文化を支えるんだ」という日本文化を愛する心が燃え上がってくるのです。

着てしまえば、さほどに違和感のあるものではありません。格好がよいと誉めてもらえますし、晴れがましくもあります。「日本文化、ここにあり！」「日本男児、ここに見参《けんざん》！」という気概が体中に漲《みなぎ》ります。

実は、人知れず、こうした小さな葛藤を克服して、私は誰に頼まれるでもなく、和服を着て〝出陣〟しているのです。

ちなみに、国際的な祝宴の場において、服装規程（ドレスコード）が最上級（白ネクタイに燕尾服、イブニングドレス）の時であっても、伝統衣装による礼服は大いに歓迎されることになっています。昨年のノーベル賞の晩餐会でも、物理学賞を受賞した天野教授、中村教授の奥様は、二人とも着物を着ていらっしゃいました。ウィーンのニューイヤーコンサートの客席などでは、美しい和服姿が日本人の存在を引き立たせます。

ともかく、和服は日本人の勝負服です。私たち日本人にとっては格別のものです。

和服の文化を守り立《も》てていくべく、私はこれからも着物の魅力について伝えていきたいと考えています。

# 4　日本刀

## 世界で唯一、神器となった武器

### 信仰の対象でもある日本刀

わが国において刀剣は、単なる武器ではなく、神器でもあります。神器とは、文字どおり、神が宿る器という意味であり、いわゆる依《よ》り代《しろ》のことです。また、神代に神から授けられた刀剣も、神器として伝えられています。

神器としての刀剣では、天叢雲剣《あめのむらくものつるぎ》（草薙剣《くさなぎの》）が最も有名でしょう。『古事記』によれば、これは、八岐大蛇《やまたのおろち》退治の折、須佐之男命《すさのおのみこと》によって見出され、天照大御神《あまてらすおおみかみ》に献上された剣であり、その後、天孫《てんそん》降臨に当たり、鏡・勾玉《まがたま》とともに三種の神器として邇邇芸命《ににぎのみこと》に授けられます。つまり、この剣は、日本を平定し、国を治めるための「武威」を象徴している神器なのです。この三種の神器が、皇位継承の証として歴代の天皇に受け継がれていきます。

なお、天叢雲剣は、愛知県の熱田神宮に御神体として安置され、皇居の吹上御所《ふきあげごしょ》には、その形代《かたしろ》が、璽《じ》（八尺瓊勾玉《やさかにのまがたま》）とともに納められています。形代とは、まったく同じ形のものをつくり、御魂遷《みたまうつ》しの儀式を行って、同じく神器としたものです。戦前は、天皇が一泊以上にわたって皇居を離れる際には、侍従が剣（形代）と璽（実物）を持して天皇とともに移動する「剣璽御動座《けんじごどうざ》」が行われました。戦後は、伊勢の神宮への行幸の時のみ剣璽御動座がなされています（なお、八咫鏡《やたのかがみ》は伊勢の神宮の皇大神宮《こうたいじんぐう》の正殿に御神体として奉斎《ほうさい》され、その形代が宮中三殿の賢所《かしこどころ》に安置されています）。

このように、刀剣には神や神威が宿ると考えられ、神聖なるもの、信仰の対象ともされてきました。刀剣が、信仰の対象になっている例は世界になく、日本唯一の特徴と言ってよいでしょう。日本人にとって日本刀は武器以上のものなのです。

それ故、刀剣には、邪気を祓う力があるとも信じられてきました。

その代表例が「守刀《まもりがたな》」という習慣です。武家や公家では、子女が生まれると、その子に短刀を与えて魔除けとしました。現在でも、皇室においては、皇子・皇女が生まれると、天皇より短刀が守刀として贈られます。賜剣《しけん》の儀と言って、天皇の使者が赴き、皇子・皇女の枕元に（桐箱に納めた）守刀を供える儀式が行われています。

また、守刀は、嫁入り道具の一つでもあります。愛する娘が他家に嫁ぎ、新たな人生を始めるに当たり、邪気や災厄を祓うため、身を守るため、名誉を守るために持たせたのです。

## 日本刀の比類なき強さの秘密

さて、日本刀の特徴としては、「折れず、曲がらず、よく切れる」ということがよく言われます。

この「折れないこと」と「曲がらず、よく切れること」は、原材料である鉄の性質からすると、本来は両立しないことです。鉄は、炭素を多く含ませると硬くなり、切れ味が増して曲がりにくくなりますが、その反面、もろくて折れやすくなります。逆に、炭素が少ない鉄は、粘り気があって折れにくいのですが、曲がりやすくなります。

つまり、この相反する性質を両立させるための工夫が、日本刀には施されているのです。どのような工夫でしょうか。それは、日本刀の断面を見るとよくわかります。

図のように、日本刀は二重構造になっていて、内側の心鉄《しんがね》は、柔らかい鉄を使って折れにくくし、外側の皮鉄《かわがね》は、硬い鉄を使って曲がりにくくしています。これによって、矛盾する性質を両立させているわけです。

心鉄と皮鉄はともに、硫黄分《いおうぶん》の少ない良質の砂鉄から精錬された「玉鋼《たまはがね》」を鍛え抜くことでつくられます。玉鋼を熱して、鎚《つち》で叩いて延ばし、二つ折りにして重ね、再び叩いて延ばしてはまた二つ折りにして重ねる。この「折り返し鍛錬」をどの程度繰り返すかによって、それぞれ炭素の量を調節していくのです。

次に、この心鉄と皮鉄を組み合わせ、平たくして棒状に延ばし（素延《すの》べ）、小鎚《こづち》で叩きながら日本刀の形に整えます。そして、焼き入れに先立ち、粘土を刃先には薄く塗り、それ以外には厚く塗ります（土置《つちお》き）。その後、焼き入れをして、高温に熱した刀身《とうしん》を水の中に入れて急速冷却すると、刃先が極めて硬くなり、「折れず、曲がらず、よく切れる」日本刀が誕生するわけです。

日本刀の断面

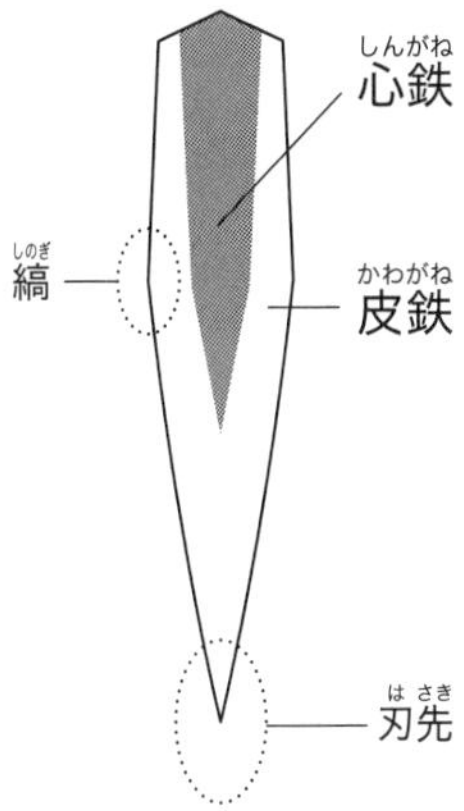

　このような刀剣は、世界のどこを見渡してもありません。鎌倉時代、日本を二度襲った元軍《げんぐん》は、日本刀の威力に驚き、その後、日本から武器として日本刀を輸入しています。続く室町時代も、明《みん》は日本刀を大量に輸入したのでした。

　なお、二重構造にして反《そ》りを入れた日本刀が誕生したのは平安時代であり、それ以前は、まっすぐな「直刀《ちょくとう》」でした。もともとは、切るのではなく、突くことを目的とした武器だったのです。

　平安時代になり、今述べたような技術改良がなされ、二重構造にして反りを入れた刀が誕生します。その頃つくられた刀は、長さが二尺六寸（八〇センチ）前後と少し長く、これは「太刀《たち》」と呼ばれています。馬上から片手で振り下ろして切ることを想定してのつくりでした。

　それに対して、二尺（六〇センチ）前後と少し短いものを「打刀《うちがたな》」と言います。敵味方入り乱れての白兵戦では、軽いほうが都合がいいわけです。この打刀は、鎌倉時代中頃に登場し、戦国時代以降、刀の主流となります。そのため、「日本刀」あるいは「刀」と言う時には、一般的に、この打刀を指しています。

武士の世になった鎌倉時代には、日本刀の需要が急速に高まり、正宗《まさむね》など、今に伝わる名工たちが数多く輩出しています。

## 日本刀の美を楽しむための見所

みなさんは、こうした日本刀が展覧会などで展示されているのをご覧になったことがあるでしょう。初めて見た時は、その姿の美的価値にあまり気がつかないかもしれません。どの日本刀も同じように見えるかもしれません。

しかし、私たちの先祖は、「鍛え抜かれ、研ぎ澄まされた刀身」や「刃文《はもん》（刀身の表面に現れる紋様）」などに美を見出してきたのであり、現代にも、美術品として日本刀を愛好する方々はたくさんいます。日本刀こそ、日本の美の精華であるとまで言われています。

刀身の美しさは、前述したように、「赤く熱した鋼の塊を叩いては延ばし、二つ折りにしては重ねる」という折り返し鍛錬を数回から十数回ほど繰り返し、強靭な地鉄《じがね》をつくることによって生み出されるものです。地鉄の肌合いには、折り返し鍛錬の仕方によって違いが生じ、木材の木目のように、板目、杢目《もくめ》、柾目《まさめ》などのさまざまな紋様があります。

刃文は、日本刀を観る際に最も目が向く所でしょう。これは、焼き入れを行う際に粘土を塗ることによって現れるもので、その美しい模様は、流派や刀工あるいは時代によって異なります。

この刃文は、極めて小さな粒子から構成されていて、夜空の星のように、きらきらと光って視認できるものは「沸《にえ》」、それに対して、肉眼では見えず、天の川のように、まとまりがぼうっと霞《かす》んで見えるものは「匂《におい》」と言います。そして、刃文の主体が沸であれば「沸出来《にえでき》」、匂であれば「匂出来《においでき》」と呼ばれています。

こうした地鉄の肌合いや刃文の輝きなどは、光が当たる角度によって、見え方が微

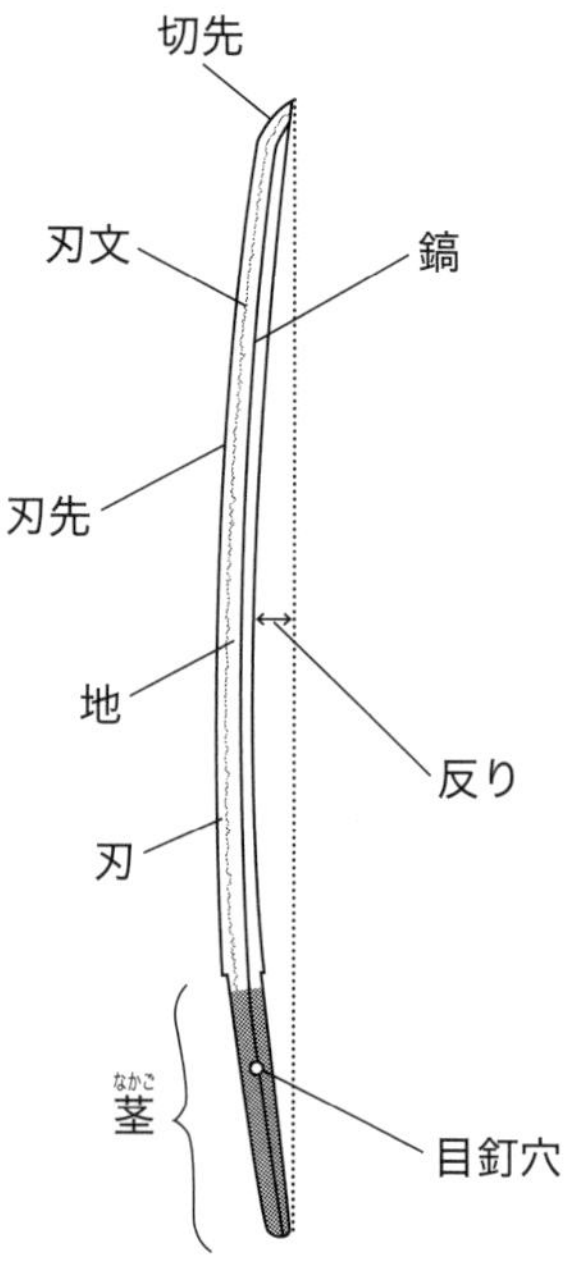

日本刀の各部の名称

妙に変化し、そこがまた見所にもなっています。日本刀を観賞される際は、上から観たり、斜めから観たり、下から観たり、いろいろな角度からご覧になることをお勧めします。

強さを極限まで追求するとともに、凛《りん》とした美しさをたたえる日本刀。単なる武器であるならば、はたして、ここまで極めるでしょうか。やはり、はじめに述べたとおり、日本刀は神器であるが故に、刀匠たちは、神々の武威に恥じないものを目指して、その技を磨きに磨いてきたのではないでしょうか。

戦後、ＧＨＱの占領政策の一環として、民間からも日本刀が没収され、新たに制作することも禁止されました。断絶の危機を感じた政府は、日本刀は美術品であるとしてＧＨＱと交渉し、その結果、美術品として価値がある日本刀にかぎり、許可があれば所持することが何とか認められました。こうした経緯があるため、現在では、美術品としての印象が強い日本刀ですが、本来は「武器」であるとともに「神器」でもあるということを強く述べておきたいと思います。

## コラム　日本刀に関する言葉の数々

今でこそ、日本刀は大多数の方にとってあまり馴染《なじみ》のないものですが、かつては非常に身近な存在でした。

貴族は、威儀を示すために太刀を佩《は》き、武士は大小（打刀と脇差《わきざし》）を差し、そして商人や百姓も、婦女子も、護身のために脇差を指すことは許されていました。つまり、上から下まで、日本人は日本刀を差していたのです。

いかに身近なものであったかを示す証左として、日本語には、刀に関する言葉が数多く残されています。その一端を紹介しましょう。

**【鎬《しのぎ》を削る】**

鎬《しのぎ》とは、刃先と棟《むね》の間を縦に走り、稜線《りょうせん》をなして高くなった所です。もともとは、相手の刀を受けて、鎬を削るほどに激しく戦うことを指していました。

**【反《そ》りが合わない】【元の鞘《さや》に収まる】**

刀には、それぞれに反《そ》りがあり、それに合わせて鞘《さや》がつくられています。刀の反りと鞘が合わないと、刀がうまく入らないことから、人間関係がうまくいかないことを、「反りが合わない」と言うようになりました。言い得て妙な便利な表現ですね。

また、別れた男女が元の仲に戻ることを「元の鞘に収まる」と言います。

**【単刀直入《たんとうちょくにゅう》】**

前置きを抜きに、すぐに本題に入ることを言いますが、本来は「一振りの刀を持ち、一人で敵陣に切り込む」という意味でした。

**【付け焼刃】**

そもそもは、切れ味の劣った刀に、鋼の焼き刃を付け足したものを指しました。そうした刀はすぐに使い物にならなくなるため、その場しのぎのために、慌てて憶えたり、習ったりしたことを「付け焼刃」と言うようになったのです。

【伝家《でんか》の宝刀《ほうとう》】

代々、家宝として伝わる名刀のことで、転じて、いよいよという時以外はみだりに使わない、とっておきの物や手段のことを言います。たとえば、総理大臣の伝家の宝刀と言えば、衆議院の解散権のことです。

【抜き打ち】

「抜き打ちテスト」や「抜き打ち検査」と言うように、予告なく突然、物事を行うことですが、もともとは、刀を抜くや否や相手に切りつけることを言いました。

【懐刀《ふところがたな》】

懐刀《ふところがたな》とは、懐に入れて持つ、小さな刀のことです。いざという時に自分の身を守るものであることから、信頼できる腹心の部下のことを指すようになりました。

**【目抜き通り】**

街で最も人通りの多い通りや繁華街のことです。「目抜き」は、もともと「目貫《めぬき》」と書き、刀の柄《え》（取手部分）に刀身を固定させるための目釘《めくぎ》に付ける「飾り金具」のことを指しました。目貫は、柄の真ん中にあり目立つことから、中心となる賑やかな通りを指すようになったようです。

**【真剣勝負】**

真剣とは、木刀や竹刀でなく、本物の刀のことです。現代では、本気で勝負することを真剣勝負と言いますが、本来は、本物の剣で勝負すること、命がけで行うことを指しました。日本人であれば、真剣勝負で物事に取り組んでいきたいものです。日本人であるならば、魂の底からわかる「合言葉」でありたいものです。

# 5 御装束神宝《おんしょうぞくしんぽう》

## 日本の伝統工芸の最高峰

最後に、日本の伝統工芸技術の粋《すい》を集めてつくられる「御装束神宝《おんしょうぞくしんぽう》」を紹介しましょう。

### 神々に捧げられる宝物《ほうもつ》

御装束神宝とは、伊勢の神宮において神々に奉納される宝物《ほうもつ》のことです。装束とは、古くは「飾り立てること」という意味で、衣服や装飾品、神座《じんざ》や殿舎《でんしゃ》の舗設品《ほせつ》（襖《ふすま》や帳《ちょう》など）、遷御《せんぎょ》の儀に必要な品々のことです。神宝とは、神々が使われる武具や楽器、文具、日用品などの調度品、道具などです。

神宮に奉仕する神職の方々にとっても、担当者の方以外は間近に見たり触れたりすることのできないものであり、「神そのものとして扱う」とも伺っています。

式年遷宮《しきねんせんぐう》では、二十年に一度、社殿だけでなく、この御装束神宝（以下、「御神宝」

と表記）もすべて調製され、新しいものが奉納されています。その数は、七百十四種、千五百七十六点にものぼります。これだけ多くの神宝が、皇大神宮《こうたいじんぐう》（内宮《ないくう》）と豊受大神宮《とようけだいじんぐう》（外宮《げくう》）、および十四の別宮に納められるのです。

御神宝は、二十年間、各宮の正殿に納められ、次の式年遷宮の時に役目を終えて、下げられます（撤下《てっか》）。ただし、皇大神宮と豊受大神宮の御神宝にかぎり西宝殿に移され、さらに二十年間保存された後に、撤下されることになっています。

江戸時代までは、人目に触れることを憚《はばか》り、燃えるものは燃やされ、それ以外のものは土の中に埋められていましたが、明治以降は、努めて保存されるようになっています。その一部は、内宮と外宮の間の倉田山《くらたやま》にある博物館「神宮徴古館《ちょうこかん》」に展示され、私たちも撤下された御神宝を間近で拝見することができるようになりました。

さらに近年、外宮の境内地に、式年遷宮を主題とした展示館「せんぐう館」が開館し、御神宝の詳細な調製の工程が展示・解説されています（なお、外宮正殿の原寸大模型もあり、第一章で紹介した唯一神明造《ゆいいつしんめい》りを間近で拝見することもできます）。

## 心技ともに最高の匠《たくみ》が選ばれる

式年遷宮は、天皇陛下の大御心《おおみこころ》を戴《いただ》いて行われるものです。その命を受けて実際に御神宝の調製を担当するのは、神宮式年造営庁の神宝装束課の方々です。式年遷宮を終えると、早くも次の二十年後に向けた準備が始まります。

まずは、古式に則りながらも、世の中の変化に応じて、その時点での最高の材料、最高の技術を吟味するとともに、途絶えている意匠・技術などがあれば、古式での復元も検討されます。その結果を最新の図面と仕様書に手描きでまとめていくのです。同じものをつくるなら、前回の図面をそのまま使えばよいと思うかもしれませんが、約千枚に及ぶ図面をゼロからつくり直すのです。この作業に十年を要するそうです。

作り手の人選も重要です。その時代の、その分野の最高の技術を持つ名工を選ぶことが、至上命題です。そのため、代々引き受けているところが引き続き選ばれることもあれば、新たに別の名工が選ばれることもあるそうです。

人選に当たっては、技術はさることながら、人柄を見定めることが肝心であると伺っています。神々の道具をつくる以上、神々への崇敬心《すうけいしん》があることが必須条件になるとのこと。普段から神を崇め、畏れ、敬って仕事に打ち込んでいる人物であるかどうかをじっくりと吟味するそうです。

二〇一三年の式年遷宮では、漆工《しっこう》、染織工、金工《きんこう》、木工《もっこう》など、合わせて約二千人の名工が日本全国から選ばれたと言われていますが、その方々の名前を、伊勢の神宮が公式に事前に発表することはありません。とはいえ、準備を進めていく過程で、おのずとその業界には知れ渡ります。名工にとっては、一世一代の名誉でありましょう。

## ものづくりは、人生の修行そのもの

選ばれた名工たちは、十余年の間、神々に誓いを立て、身も心もよく慎み、穢《けが》れのない清い心で、文字どおり命を削って御神宝の調製に打ち込むこととなります。

いつもの仕事と異なり、作品に名前を刻むことは許されません。それは、自分の作品であって、もはや自分の作品ではなく、物であって、もはや物ではなく、神々に捧げられる尊い御神宝であるからです。

神宝装束課の方から、「納品の時の名工たちの顔は、発注の時に比べて、精神的に成長した、見違えるように充実したお顔になっていらっしゃる」というお話を伺ったことがあります。

たとえ高名な工芸家であっても、無名性の下、幾年かは「神の匠《たくみ》」として働くことになります。そして歳月を経て納品の暁には、誰もが人間的に大きく成長されているというのです。さまざまなプレッシャーを乗り越え、神々に見られて恥ずかしくない御神宝をつくり上げる中で、人格が陶冶《とうや》され、徳高き人になっていくことは、本当に素晴らしいことであると思います。

古来、日本人にとって最高のものづくりは、大和の神々に捧げる尊い宝物をつくることでした。故に、日本の匠にとって「ものづくり」は、単なる仕事や作業ではなく、人生の修行そのものであり、極めるべき道でもあるのです。本人が明確に意識するかどうかにかかわらず、日本の匠の手にかかれば、ものづくりは、おのずと「心づくり」であり、「人づくり」となるわけです。

今日、日本の製造業では、「ものづくりは人づくり」ということがよく言われています。人を育てることが日本企業の強みであり、優秀で勤勉な技術者によって生み出される高品質の製品が世界中で称賛の的となっています。その原点は、ここにあるのではないでしょうか。

御装束神宝は、日本のものづくりの原点です。伊勢の神宮に参拝の折は、是非「せんぐう館」や「神宮徴古館」にも足を運ばれ、御装束神宝を観覧されることをお勧めいたします。

# 第二章

# 日本の伝統芸能

——時代を超えて人々を魅了し続ける秘密

伝統芸能とは、古代より伝わる日本固有の芸能のことです。日本は、伝統芸能においても、さまざまな芸能が花開いており、世界的に見ても芸能大国です。

第三章では、日本の代表的な伝統芸能として、「神楽《かぐら》」「雅楽《ががく》」「能《のう》」「狂言《きょうげん》」「歌舞伎《かぶき》」「文楽《ぶんらく》」を取り上げ、それぞれの魅力を紹介していきましょう。

# 1 神楽《かぐら》

## 日本の芸能の始まり

### 神代《かみよ》の祭祀に始まった「日本最古の伝統芸能」

神楽とは、神を祀《まつ》るために神前にて奏され、神に奉納される舞楽《ぶがく》の総称です。神社に参拝した際、神楽舞が奉納されているのをご覧になった方もいるでしょう。その源流を辿ると、神代《かみよ》の祭祀にまでさかのぼります。神楽は、日本最古の伝統芸能です。

歴史上、文献に初めて、こうした舞楽についての記述が現れるのは、『古事記』の天の岩戸隠れの神話のところです。

天照大御神《あまてらすおおみかみ》が、弟の須佐之男命《すさのおのみこと》の乱暴な行動に怒り、岩戸に隠れてしまったため、地上は暗く陰ってしまいます。そこで神々は話し合い、天照大御神にお出ましいただくために、岩戸の前でさまざまな祭祀を行います。『古事記』には、その時の様子が次のように記されています（現代語訳）。


**天《あめ》の香山《かぐやま》の枝葉の茂った木を根ごと掘り起こし、上の枝には八尺勾玉《やさかのまがたま》を取りつけ、中の枝には八尺鏡《やたのかがみ》を取りつけ、下の枝には木綿と麻の布を垂らし、これを布刀玉命《ふとたまのみこと》が取り持ち、天児屋命《あめのこやねのみこと》が祝詞《のりと》を奏上しました。天手力男神《あめのたぢからおのかみ》が戸の脇に隠れて立ちます。**

**天宇受売命《あめのうずめのみこと》が、天の香山の日影鬘《ひかげかずら》をたすきにかけ、天《あめ》の真析《まさき》を髪飾りにして、天の香山の小竹葉《ささば》を手に持つ程度に束ね、桶を逆さまに置いて踏み鳴らし、神懸《かみが》がりして、胸もあらわにして服の紐も陰部まで押し下げて垂らしました。すると、高天原《たかまがはら》は揺れ、八百万の神々はともに笑いました。**

つまり、神々は、天照大御神を外に誘い出すために、神前に榊《さかき》を立て、鏡を据え、供物を捧げ、神への祝詞をあげ、そして、神楽を奉納したわけです。これが日本における諸芸能の起源とされ、天宇受売命は芸能の神として信仰されています。

中国においても、エジプトやギリシャにおいても、遺跡は残れども、古代の祭祀は途絶えています。神代の時代の祭祀の姿が今日まで伝わっていることは、世界の奇跡でしょう。

## 千年以上も続く「賢所御神楽《かしこどころみかぐら》」

神楽という言葉の由来は、神座《かみくら》と言われています。神座は、神が降臨して、しばらくの宿りをされる所です。つまり、天の岩戸の天宇受売命も「神懸《かみが》かって」いたとされるように、もともとは、舞人が神の依《よ》り代《しろ》となって、神を招き降ろすための舞であったと考えられています。それがやがて洗練されて、舞踊として一定の形式を持つようになったのでしょう。

今日に伝わる神楽のうち、その形式が成立した時期が最も古いと見られるものの一つに、宮中に伝わる「賢所御神楽《かしこどころみかぐら》」があります。記録によれば、平安時代中期の長保《ちょうほう》四年（一〇〇二年）、内侍所《ないしどころ》の前庭にて「内侍所御神楽」が行われ、それ以後、当初は隔年で、後に毎年行われるようになりました。現在も、十二月中旬、皇居の賢所（旧・内侍所）の前庭に火を焚いて、「賢所御神楽」が夕刻から執り行われています。

賢所は、三種の神器の一つ、八咫鏡《やたのかがみ》の形代《かたしろ》を安置している所ですから、賢所御神楽とは、八咫鏡に宿る「天照大御神の神霊」を祀るための舞楽になります。十二月は太陽の働きが最も弱くなる時期なので、太陽神である天照大御神に一年の感謝を捧げるとともに、さらなる加護を願って神楽を奉納するわけです。

なお、宮中では、それ以外にも、四月三日の神武天皇祭、十一月二十三日の新嘗祭《にいなめさい》などでも神楽が奉納されています。

このように、宮中に伝わる神楽は「御神楽《みかぐら》」と呼ばれています。

ほかにも、巫女《みこ》が、鈴や榊や笹などを持って舞うものは「巫女舞」と呼ばれ、春日大社に伝わる大和舞や、住吉大社に伝わる八乙女舞《やおとめまい》などが有名です。また、神話物語の表現に富み、演劇性の高い神楽として、出雲地方に伝わる「出雲神楽」や九州・高千穂地方に伝わる「神舞」などもあります。

いずれにしても、神楽は、私たちが観て楽しむものではなく、神々に奉納するためのものです。江戸時代に大流行したお伊勢参りでも、一生に一度の夢とされたのは、伊勢の神宮に参拝し、「大々《だいだい》神楽」と呼ばれる神楽を奉納することだったと言われています。当時の人たちの篤い信仰心が偲ばれます。

春日大社の神楽とそれをご鑑賞される天皇皇后両陛下
平成20年（2008年）10月31日

# 2 雅楽《ががく》　神秘の世界へと誘う千年の調べ

## 日本固有の雅楽《ががく》「国風歌舞《くにぶりのうたまい》」

雅楽《ががく》とは、雅正《がしょう》の楽《がく》、つまり、宮中で奏される正統な音楽という意味であり、おもに宮内庁楽部や神社で演奏される伝統音楽のことを指します。日本で最も古い古典音楽です。

今日に伝わる雅楽には、大きく分けて「日本固有のもの」と「外国に起源があるもの」とがあります。わが国には、もともと神代《かみよ》より伝わる歌舞があり、これに外国のものが加味されていったのです。

まず日本固有の歌舞から紹介しましょう。これは「国風歌舞《くにぶりのうたまい》」と呼ばれています。国風とは、漢詩に対して、「和歌《やまとうた》」を指す言葉です。

太古の昔、日本では、神事として、琴などの伴奏とともに歌舞（神楽）が奉納されていました。また宴の場などでも、歌舞は演じられていたと思われます。そして日本各地にあった歌舞は、大和朝廷による日本統一と軌を一にして都に集められ、やがて宮中に取り入れられていったものと思われます。

今日に伝わる国風歌舞は、こうした歌舞を起源として、その形式が整えられたものです。代表的なものに、東遊《あずまあそび》や久米舞《くめまい》などがあります。

東遊は、東国の風俗歌という趣《おもむき》の歌舞で、その歌詞の内容は、駿河国（静岡県）の有度浜《うとはま》（三保の松原付近）の景色などを美しく物語っています。笏拍子《しゃくびょうし》、和琴《わごん》、高麗笛《こまぶえ》、篳篥《ひちりき》の伴奏で四人の歌人が歌い、それに合わせて四人または六人の舞人が舞います。三保の松原や富士山、天人の姿が目に浮かびそうな、晴れ晴れとのどやかな歌舞です。

東遊は、平安貴族、特に女性に好まれたようで、清少納言は、『枕草子』で「舞は駿河舞。求子《もとめご》、いとおかし（とても趣がある）」と述べています。駿河舞、求子はともに東遊を構成する重要な歌舞です。また、紫式部は、『源氏物語』で光源氏に「ことごとしき（仰々しい）高麗唐土《こまもろこし》の楽よりも、東遊の耳なれたるは、なつかしく、おもしろく（趣がある）」と語らせています。この東遊は、宮中においては、神武天皇祭や春秋の皇霊《こうれい》祭などで奉納されています。

久米舞は、神日本磐余彦尊《かむやまといわれひこのみこと》（後の神武天皇）が●兄猾《えうかし》を征伐した時、臣下の大久米命《おおくめのみこと》が詠んだ戦勝の歌（久米歌）に舞を付けたものです。笏拍子、和琴、龍笛《りゅうてき》、篳篥の伴奏で四人の歌人が歌い、それに合わせて四人の舞人が舞います。武人の装束をまとい、太刀を腰から下げた舞人による勇壮な舞が特徴で、「撃ちてし止まむ」（撃たずにおくものか）という有名な句で結ばれます。その内容は、神武東征の際の武人たちの勇ましい戦いぶりを表しています。なお、昭和十八年（一九四三年）に陸軍省が標語として取り上げ、軍歌にもなった「撃ちてし止まむ」の詞《ことば》は、久米歌から採られています。

今日、宮中では、大嘗《だいじょう》祭（天皇が即位後初めて行う新嘗祭）にて奏されるだけですが、奈良県の橿原《かしはら》神宮に久米舞が伝わっており、毎年、四月二十九日の昭和祭、十一月三日の新嘗祭にて奉納されています（拝見することができます）。

●**兄猾**　大和国宇陀（現在の奈良県宇陀市）の豪族。

## 古代アジア諸国に起源を持つ雅楽「唐楽《とうがく》・高麗楽《こまがく》」

国風歌舞とは対照的に、外国に起源を持つ雅楽もあります。

では、初めて外国の音楽が日本に伝来したのは、いつでしょうか。『日本書紀』によれば、允恭《いんぎょう》天皇の崩御に際し、新羅《しらぎ》より楽人八十人が遣わされたのが最初のようです。四五三年頃と思われます。その後、欽明《きんめい》天皇十五年（五五四年）に、百済《くだら》より仏教とともに音楽が伝来し、天武天皇十二年（六八三年）には、宮中で高麗《こうらい》・百済・新羅の音楽が演奏されたという記録が残っています。高麗・百済・新羅は、当時の朝鮮半島にあった国々です。これらの国の音楽は「三韓楽《さんかんがく》」と呼ばれます。後に渤海《ぼっかい》国（満州にあった国）から伝来した渤海楽と合わせて一つにまとめられ、「高麗楽《こまがく》」と呼ばれるようになります。

もう一つ、中国大陸の音楽は、舒明《じょめい》天皇二年（六三〇年）に始まった遣唐使によってもたらされます。このルートからは、唐の音楽（燕楽《えんがく》）をはじめ、国際都市・長安《ちょうあん》に伝わっていたインドやペルシャの音楽（胡楽《こがく》）、ベトナムの音楽（林邑楽《りんゆうがく》）なども一緒に日本に入ってきます。こちらも後に一つにまとめられ、「唐楽《とうがく》」と呼ばれます。

こうして、さまざまな音楽が伝来する中、大宝元年（七〇一年）、大宝律令が制定され、宮中での楽舞を管理・伝承するための「雅楽寮《うたまいのつかさ》」が設置されます。国風歌舞の担当が二百五十四人、三韓楽の担当が七十二人、唐楽の担当が七十二人、その他を含めて計四百人以上を擁する大きな組織でした。以来、外来音楽は、朝廷の保護の下、国風歌舞とともに宮廷音楽として継承されていきます。

そして、天平勝宝《しょうほう》二年（七五二年）の東大寺大仏開眼供養会《かいげんくようえ》では、雅楽史上、最大規模の演奏会が行われます。『東大寺要録』には、国風歌舞をはじめ、唐楽、三韓楽などが一日中演奏され、大仏開眼に華を添えた様子が記録されています。

この奈良時代までは、外来音楽は伝来した形式のままで演奏されていましたが、平安時代に入ると、楽器の音色はそのままに、日本人の好みや美意識に合わせて、曲や楽器編成に手が加えられていきます。そうして、唐から伝来したものを整理統合した「唐楽」と、朝鮮半島から伝来したものを整理統合した「高麗楽」とにまとめられていきます。今日に伝わる雅楽（唐楽・高麗楽）は、この時代に成立したものです。

現在、日本以外のアジア諸国では、当時の音楽はほとんど残っておらず、途絶えたり、まったく違うものに変わったりしています。雅楽（唐楽・高麗楽）は、今となっては、日本特有の伝統音楽と言ってよいでしょう。

## 「天・地・空」が一体となる神秘の音楽

さて、雅楽では、歌や舞を伴わず、楽器のみで演奏されることがあります。これは「管絃《かんげん》」と呼ばれています（口絵参照）。楽器は、管楽器（笙《しょう》・篳篥《ひちりき》・龍笛《りゅうてき》）と絃《げん》楽器（琵琶・和琴《わごん》）と打楽器（鞨鼓《かっこ》、太鼓、鉦鼓《しょうこ》）から構成されます。こうした多種類の楽器を編成する形式が千年以上も続いている例は外国にはなく、「世界最古の合奏音楽（オーケストラ）」と呼ばれています。

ただ、雅楽が演奏される際には、洋楽とは違って、指揮者は存在しません。奏者はお互いに間合いを計り、呼吸を合わせながら音楽を奏でていきます。そこにはリズムや音のずれが許容されていながら、大きな調和が保たれています。音楽はいずこからもたらされて始まり、舞人もいずこからか登場し、やがて、いずこかの彼方に消え去っていきます。

さらに、楽器にはそれぞれ役割があるとされ、たとえば、笙は「天から降り注ぐ光」、篳篥は「地上の声・人の声」、龍笛は天と地の間を泳ぐ「龍の鳴き声」を表していると言います。そして、それらが合わさることで、「天・地・空」という一つの宇宙を表現しているとも言われています。

雅楽は、古代の人々の宇宙観を、そのままタイムカプセルとして現代に伝えているものでもあります。雅楽を聴く際には、それを感じ取ってみようではありませんか。

最後に、雅楽師はどのような思いで演奏しているのかを知っていただきたく、伊勢の神宮の元楽長・鈴木明夫氏のお言葉を紹介させていただきます。

**「何故《なぜ》神に対して献上せねばならないか。神が望んで居《お》られるからである。神は芸術として雅楽を創造された。そうであるならば神に向かって無限に芸術性を高めねばならない。無限に上達する筈である。故に自分の全智を傾けて向上を計らねばならない。神の分霊《わけみたま》をもつ人間であるならば、神の意思を実現しなければならない。故《ゆえ》に神に恥ずかしくない楽を奏するのが、必要条**

**件であろう」**

**鈴木明夫著『奥処目ざして 神宮雅楽五十年』**

雅楽は、神々の音楽であるということです。私も同感です。笙の音に、天から光が降り注ぐイメージを重ねると、神々の世界が地上に降りてきたかのような気になります。そこに篳篥と龍笛の音が加わると、神々の世界と地上と空とが一体となっていくような神秘を感じます。みなさまにも、是非、そのような神秘を感じ取っていただきたいと思います。

## コラム　雅楽として作曲された国歌「君が代」

国歌「君が代」の優雅さと神秘さをたたえる、あの調べは、雅楽に由来していることをご存じでしょうか。実は、そこには多少の紆余曲折があったのでした。

最初に日本の国歌がつくられたのは、明治維新直後のことです。明治二年（一八六九年）、薩摩藩の軍楽隊が、イギリスの軍楽隊の下で訓練を受けることになります。すると、隊長のフェルトンより、「日本には国歌がないのか。それなら国歌をつくりなさい。歌詞をつくってくれれば、私が楽譜をつくり、その曲から教えてやろう」というように言われます。隊員がその言葉を、砲兵隊長の大山弥助《やすけ》（後の元帥陸軍大将・大山巌《いわお》）に伝えると、「新たに歌詞をつくるよりも、古歌から選ぶほうがよいだろう」ということで、大山は、国家平安を願う歌として人々に親しまれていた「君が代」を選びました。

君が代は、『古今和歌集』（第七　賀歌《がのうた》　三四三　題知らず）の次の歌がもとになっていると言われています。

**わが君《きみ》は　千代《ちよ》にやちよに　さざれ石の　巌《いはほ》となりて　苔《こけ》のむすまで**

## 読み人知らず

「わが君」が「君が代」に変わった歴史的経緯はよくわかっていませんが、古《いにしえ》の昔には正月の祝いの歌として用いられ、それが鎌倉時代や室町時代には、神事や仏事においても歌われるようになり、さらに江戸時代になると、庶民に広く浸透し、地歌《ぢうた》・長唄・薩摩琵琶など、さまざまな楽曲で歌われたといいます。まさに国歌として選ぶのにふさわしい歌であったのでした。

そうして作曲はフェルトンの手に委ねられますが、なんと、それはまったく西洋風の曲でした。当然ながら、日本人には馴染《なじ》まず、大変不評で、日本風の曲にすべきだという意見が湧き起こってきます。

そこで、フェルトンが任期を終えて帰国した後の明治十三年（一八八〇年）、宮内省雅楽課（現・宮内庁式部職楽部）に作曲が依頼されることになり、楽士の奥好義《おくよしいさ》と林廣守《はやしひろもり》によって新たな旋律がつくられます。それに、フェルトンの後任のドイツ人音楽教師エッケルトが、西洋楽器で演奏できるよう、伴奏と和音をつけて編曲したわけです。これが今日、私たちが耳にする「君が代」の調べなのです。

世界の中では、ほとんどの国の国歌が西洋風の旋律となっています。その中で日本の国歌だけは日本独特の厳《おごそ》かさと奥深さ、神々しさをたたえた旋律を伴っています。歌詞も、海外の多くの国の国歌はとても好戦的な歌詞であるのに対して、日本の国歌は実に雅びであり、わが国の国体にふさわしいものです。このような麗《うるわ》しい国歌を持っていることに、日本人として誇りを持ちたいものです。

# 3　能楽《のうがく》

## 現存する世界最古の舞台芸術

### 能《のう》の完成者・観阿弥《かんあみ》と世阿弥《ぜあみ》

平安時代から鎌倉時代にかけて、朝廷儀礼としての音楽、宮廷人の嗜《たしな》みとしての音楽は雅楽でありましたが、市井では、延年《えんねん》・散楽《さんがく》・猿楽《さるがく》・田楽《でんがく》・連事《つらね》・風流《ふりゅう》・白拍子《しらびょうし》・今様《いまよう》などと呼ばれる、さまざまな芸能が興《おこ》りました。芸能者たちは全国各地で座を結成し、諸社・諸寺の保護の下、芸を競っていたのです。

そして、室町時代初期、大和の興福寺《こうふくじ》に属する大和猿楽《やまとさるがく》四座の一つ、結崎座《ゆうざきざ》から、観《かん》阿弥《あみ》という役者が現れます。

観阿弥は、それまで物まね中心だった大和猿楽に、ライバルとも言える近江猿楽《おうみさるがく》や田楽《でんがく》のよさを取り入れ、幽玄《ゆうげん》な芸風へと一大改革を行います。これを受け継いで、より洗練された芸術へと猿楽を発展させたのが、息子の世阿弥《ぜあみ》です。これが今日に伝わる「能《のう》」です。能は、明治以降の呼び方で、江戸時代までは猿楽と呼ばれていました。また、滑稽な物まね芝居の部分は「狂言《きょうげん》」として残り、能と狂言が交互に演じられていくようになります。この能と狂言を合わせて、「能楽」と呼びます。

この能楽は、現在まで約六百五十年間、受け継がれてきました。古代エジプトやギリシャ、ローマ等にも舞台芸術はありましたが、いずれも途絶えています。能楽は、現存するものとしては世界最古の舞台芸術なのです。

なお、猿楽の起源は、一般的には、奈良時代、唐より伝来した「散楽《さんがく》」にあると言われています。散楽は、曲芸や奇術、物まねなど、多種多様な芸を含んだもので、雅楽寮にも散楽師がいたという記録が残っています。この散楽が訛《なま》って、猿楽と呼ばれるようになったというわけです。

それに対して、世阿弥は、その著『風姿花伝《ふうしかでん》』の冒頭で、猿楽（申楽《さるがく》）の起源について触れ、「天下にいささか争乱があった時に、聖徳太子が、神代の時代や天竺《てんじく》（古代インド）でよい効果があったという前例に合わせて六十六番の物まねを秦河勝《はたのかわかつ》に命じ、六十六の仮面を与え、内裏《だいり》の紫宸殿《ししんでん》で演じさせたところ、国土が平和に治まった。

そこで、聖徳太子はこの演劇を後世に伝えるために、神楽の『神』の字の偏を除いて『申』の字とし、『申楽』と名付けた。これはまた『楽《たの》しみを申《もう》す』という意味でもあった」というように書き記しています。

## 能は、もともと、神仏に奉納するための「神事」

また、世阿弥は、『風姿花伝』の第四条「神儀云《しんぎにいはく》」で、申楽のそもそもの始まりは、天岩戸での天宇受売命の舞い（神楽）であると述べています。前述したように、神楽は、神々に奉納するものです。つまり、能も本来、神仏に奉納するものだったのです。

実際、能を演じるに際しては、最初に呪師《しゅし》と呼ばれる僧形《そうぎょう》の役が四方を祓い清めました。この呪師が登場する古式は、伊勢の一色能《いっしきのう》にその姿を留めています。

その次に、「翁《おきな》」という演目が行われます。「翁」は、「能にして能にあらず」と言われるとおり、通常の能とは異なり、神事になっています。

「翁」の中心になるのは、老人の姿をした長寿と幸福をもたらす二人の神です。まずシテ方（仕手方）の役者が、舞台の上で白い翁の面（白色尉《はくしきじょう》）を着《つ》けて神を演じ、天下泰平を祈る舞を舞います。続いて、アイ方（狂言方）の役者が黒い翁の面（黒色尉《こくしきじょう》）を着けてまた別の神を演じ、今度は五穀豊穣を祈る舞を舞うのです。二人目の翁およびその舞は「三番叟《さんばんそう》」と呼ばれます。

神事であるが故《ゆえ》に、神を務める役者は、上演前の一定期間、神職のごとく精進潔斎《しょうじんけっさい》の生活を送り、心身ともに清めたうえで舞台に臨むといいます。

今日では、正月をはじめ、節々でしか上演されませんが、演目の最初に「翁」を置くのが能の正式なかたちであり、かつては必ず上演されていました。翁に続いて一番目物（脇能《わきのう》・神能《かみのう》）、二番目物（修羅《しゅら》物《もの》）、三番目物（鬘物《かずらもの》）、四番目物（雑物《ぞうもの》）、五番目物（切能《きりのう》・鬼物《おにもの》）という順に分類された演目が上演されていくのです。この分類を五番立《ごばんだて》（神《しん》・男《なん》・女《にょ》・狂《きょう》・鬼《き》）と言います。これらの演目の間に、狂言が演じられます。

伊勢の一色能の「翁」

## 夢と現実が交差する「夢幻能《むげんのう》」の世界

さて、世阿弥は十二歳の時、三代将軍・足利義満（当時十七歳）の目にとまり、以後、将軍の庇護の下、和学（神話、和歌など）や漢学（漢詩、史書など）の教養に精通していき、それが、後の作風に大きな影響と進化をもたらすことになります。世阿弥は、『伊勢物語』や『源氏物語』などの優雅な物語を題材にし、その歌物語としての歌意《かい》を的確に把握して、その境地を優雅な舞と詞《ことば》と音曲《おんぎょく》で表現していったのです。

物語の主人公はたいてい亡霊であり、舞台設定は歴史や文学に縁《ゆかり》のある地が選ばれます。能「井筒《いづつ》」の場合は『伊勢物語』を題材とし、在原業平《ありわらのなりひら》が住んでいた大和の在原寺を舞台とするという具合です。そして、そうした場所を訪れた旅の僧の前に、主人公である亡霊が人間の姿をとって現れては消えます。不思議に思って地元の人から由緒を聞き、成仏できていないのではないかと思って弔っていると、夢の中に亡霊が本来の姿でもって現れ、生前の思い出を語ったり、過ちを悔いたりして消えていくのです。

能を観る人は、旅僧《りょそう》の目と心を通して亡霊の心に思いを寄せ、あはれを感じます。そこには余情があり、そこはかとない幽玄があります。

このように、神や亡霊などの霊的存在を主人公とする能は「夢幻能《むげんのう》」と呼ばれており、夢と現実とが交差しながら物語が進んでいきます。世阿弥は、この夢幻能の作品を数多くつくっています。一方、現実の人間だけで描かれているものは、「現在能《げんざいのう》」と呼ばれています。

## 世阿弥が追求した「まことの花」とは

世阿弥は、八十一歳で没するまでに七十作ほどの能をつくったと言われています。その生涯は波瀾万丈なものでした。後継者として期待をかけていた長男の元雅《もとまさ》に先立たれるばかりか、晩年は能を演じる機会を失い、佐渡にまで流されたとも伝承されています。世阿弥の甥である音阿弥《おんあみ》をひいきする足利義教《よしのり》が将軍になると、世阿弥は疎んじられて迫害されたのです。

その苦節ゆえでしょうか。世阿弥は『申楽談儀』『風姿花伝』『花鏡《かきょう》』など、二十余りの書を残しています。どれも素晴らしい能楽理論書で、当世一流の美学書です。特に『風姿花伝』は、『花伝書《かでんしょ》』とも呼ばれ、美学論としても教育論としても高度な内容を含んでいます。なぜ花伝なのかというと、当時の芸道の世界においては、優れたるもの、現代の感覚で言えば、美に当たるものを「花《はな》」と呼んでいたようです。

この書には、まず、花のある役者になるための修行論が第一条「年来稽古條々《ねんらいけいこでうでう》」に説かれています。そこには、七歳、十二～三歳、十七～八歳……と、成長に合わせた修業への注意点が説明されています。

たとえば、十二～三歳の項には、「さりながら、この花はまことの花にあらず。ただ時分《じぶん》の花なり」とあります。

二十四～五歳の頃にも、「これ、かへすがへす主のため仇《あだ》なり。これも、まことの花にはあらず。年の盛りと、見る人の一旦の心のめづらしき花なり」「時分の花をまことの花と知る心が、真実の花になほ遠ざかる心なり」とあります。時分の花とは、年齢によって現れ、年齢が過ぎれば散っていく花のことです。つまり、若い時にちやほやされても、それをまことの花だと勘違いしてはならないと戒めているのです。

では、まことの花とは、どのようなものでしょうか。世阿弥は、さらに三十四～五歳、四十四～五歳と詳しく述べて、最後の五十有余の項で、「亡父にて候ひし者は、五十二と申しし五月十九日に死去せしが、その月の四日、駿河の国、浅間《せんげん》の御前にて法《ほう》楽《らく》つかまつる。その日の申楽、ことに花やかにて、見物の上下、一同に褒美せしなり。およそそのころ、物数をば早《は》や初心に譲りて、やすき所を少な少なと色へてせしかども、花はいや増しに見えしなり。これ、まことに得たりし花なるがゆゑに、能は枝葉も少なく、老木《おいき》になるまで、花は散らで残りしなり。これ、眼のあたり、老骨に残りし花の証拠なり」と述べています。

父・観阿弥の最後の舞台の様子を語りながら、歳月を経ても失せないものが「まことの花」であると説いたのです。世阿弥は、この「まことの花」を身につけることを目指していました。

## 時を経ても変わらない、笑いの芸能「狂言」

能とともに発展した、もう一つの芸能が「狂言」です。これは、狂言師によって演じられる滑稽な物語の芝居です。

単独で演じられることもありますが、原則、能の演目の間に演じられます。狂言は、真面目な主題を扱う能の間《あいだ》を取りもつものであり、能の「緊張」に対して「弛緩《しかん》」の役割を果たしているのです。笑いがひとしきり起きた後、再び笛の音がかすかに聞こえると、やがて次の能の演目が始まります。

狂言の内容は、主人と従者の失敗談や夫婦喧嘩など、庶民にとって身近なものとなっています。それ故、長い年月にわたり、多くの人々に共感され続けてきたのでしょう。世阿弥の頃から数えても、かれこれ六百年も継承されています。これほど長く伝えられている笑いの芸能は、外国にはありません。現代では、多くのコメディアンやタレントがさまざまな笑いの芸を披露していますが、一年もつものが幾つあるでしょうか。狂言は、人間の本質を突いた、普遍的な笑いの芸能なのです。

とはいえ、当意即妙のアドリブの台詞《せりふ》ではなく、練りに練られた台詞回しと演出によって狂言は演じられます。また、能と同じように、能舞台の上で、最小限の小道具だけで物語の状況設定を表現します。

世阿弥も狂言師の笑いについて、『習道書《しゅうどうしょ》』の「狂言の役人の事」の中で、「そもそも、をかしといつぱ、かならず衆人の笑ひどめく事、職なる風体なるべし。笑みの内に楽しみを含むと言ふ。これは面白く嬉き感じなり」と述べています。ほほえましくも上品な笑いが尊ばれてきたのです。

さて、代表的な演目としては「棒縛《ぼうしばり》」があります（口絵参照）。太郎冠者《かじゃ》と次郎冠者は、主人が留守をすると、いつも酒を盗み飲んでいたため、主人は、出かける前、太郎冠者の両手を棒に縛り、次郎冠者の両手を後ろ手に縛ります。ところが、主人が外出すると、どうしても酒を飲みたい二人の従者は協力し合いながら、苦心の末にとうとう縛られた姿のまま酒蔵を開け、酒を飲んでしまうのです。欲望に勝てず酒を飲まんと格闘する二人の姿や、帰ってきた主人と争う姿が、何とも滑稽な演目であります。

同じく主従の関係を取り上げた演目に、「末広《すえひろがり》」があります。主人が、従者の太郎冠者に、「宴会の引き出物として、末広（扇のこと）を買って来るように」と使いに出します。都に着いた太郎冠者は、末広とは何かを聞かなかったことに気づき、困った果てに「末広を買おう」と大声で呼ばわりながら歩いていると、すっぱ（詐欺師）に目をつけられ、とんでもない古傘を売りつけられてしまいます。しかし、都のすっぱもさるもので、おまけとして、主人の機嫌を直すための謡《うたい》「傘を差すなる春日山、これも神の誓ひとて、人が傘を差すなら、我も傘をささうよ」を伝授しておきます。案の定、怒った主人にその謡を聞かせると、主人の機嫌も直るという話です。

指示の内容を確認しないまま仕事を進め、ミスをするというのは、現代においても、上司と部下の間でよく起きることではないでしょうか。ここには、時を経ても変わらない人間の姿が描かれているわけです。ちなみに、最後は主人が機嫌を直すわけですが、仲直りすることが末広がり（繁栄）につながるという教訓も込められているとも言われています。

現在、俳優としてテレビドラマや映画でも活躍する狂言師の野村萬斎《まんさい》氏は、こうした狂言の笑いについて、「狂言はセリフ主体の喜劇で、人間の生きる姿を人間賛歌のドラマとし

狂言　大蔵流「末広《すえひろがり》」
平成20年（2008年）2月6日　国立能楽堂
（手前）シテ　果報者　十三世　茂山千五郎
（　奥　）アド　太郎冠者　　茂山宗彦

て表現します。それも毒をもって笑わせるのではなく、自然に涌《わ》き上がる健康的な笑いを楽しんでもらうもので、登場人物が繰り広げる洗練された狂言の笑いを『キュートなナンセンス』と評する方もいます」と語っています（野村萬斎著『野村萬斎 What is 狂言?』）。

観る人の心を温かくする、ほのぼのとした笑いということでしょう。狂言が、六百年も続いてきた理由は、ここにもあるように思われます。

## コラム　なぜ結婚式で、能の「高砂《たかさご》」が謡《うた》われるのか

世阿弥の能の中で、最も有名な演目の一つに「高砂《たかさご》」があります。高砂は、婚礼の三々九度の盃事《さかずきごと》の折に謡《うた》われる、めでたい祝言《しゅうげん》（祝いの詞《ことば》）で、昔は必ず高砂が謡われました。どういう経緯で謡われるようになったのでしょうか。

物語の舞台は、播磨国《はりまのくに》（兵庫県）の高砂の浦です。九州の阿蘇神社の神主が、旅の途中、ここで松の木陰を掃き清める一組の老夫婦と出会います。

神主が、「高砂と住吉の松は離れているのに、なぜ相生《あいおい》の松と言うのか」と問うと、老夫婦は「互いに通い合う心遣いがあれば、遠くないのだ」と答え、相生の松と呼ばれる由来などを語ります。やがて老夫婦は、自分たちは高砂と住吉の神であることを明かし、舟に乗って沖へと姿を消してしまいます。

神主も、跡を追うようにして舟に乗ると、不思議なことに、たちまち摂津国《せっつのくに》（大阪府）の住吉に到着するのでした。この時、神主が謡う歌があの有名な歌です。

**高砂や　この浦舟に帆をあげて　この浦舟に帆をあげて**
**月もろともに出潮《いでしお》の　波の淡路の島影や　遠く鳴尾の沖過ぎて**

**●相生の松**　黒松と赤松の二本の松が同じ所から生えて、まるで一つの根から生えた一本の松のように見えるもの。

**●出潮・遠く鳴尾**　結婚式では、「出潮」を「入潮」に、「遠く鳴尾」を「近く鳴尾」に替えることがある。

**はや住之江に着きにけり　はや住之江に着きにけり**

（高砂の浦につないだ舟に帆をあげて　月の出とともに満ち潮に乗って船出すると　淡路島の島影も遠くなり　はるかに鳴尾の沖も過ぎ　早くも住吉の入江に着いた）

すると、住吉の神は、今度は若々しい男体《なんたい》の姿で颯爽《さっそう》と現れ、月明かりの下、荘厳な舞を舞い、人々の長寿とこの国の平和を祝うのです。以上があらすじです。

この能「高砂」が象徴しているものは、夫婦和合と長寿です。つまり、「年を重ねるごとに仲の良い夫婦になりますように」「ともに長寿でありますように」という願いを込めて、婚礼の席で高砂が謡われるようになったわけです。ちなみに、同じ

能　金剛流「高砂」
平成26年（2014年）4月12日　国立能楽堂
（正面）前シテ 老人（住吉明神）　宇高通成《みちしげ》
（右）ツレ　姥　宇高徳成《のりしげ》

くこれに由来して、披露宴で新郎新婦が座る席は「高砂」と呼ばれています。

ところで、この能「高砂」の中には、さらに神国日本の貴さと素晴らしさに関わる秘密が述べられています。

話は戻りますが、神主と老夫婦のやり取りの中で、相生の松の由来について、「実は、高砂とは上代の『万葉集』のこと、住吉とは当代の『古今和歌集』のこと、松とはいつまでも尽きない言《こと》の葉《は》、つまり永久に尽きぬ和歌の道のことであり、ここには『まことに素晴らしい御代《みよ》（天皇の治める世の中）のいつまでも続く、素晴らしい国であることよ』という意味が込められている」ということが解き明かされるのです。そして、次のように謡われます。

**四海波静《しかいなみしず》かにて　国も治まる時つ風　枝を鳴らさぬ　御代なれや**
**逢《あ》ひに相生の松こそ　めでたかりけれ**

**げにや仰ぎても　ことも愚かや　かかる世に住める　民《たみ》とて豊かなる**
**君《きみ》の恵みぞ　ありがたき　君の恵みぞ　ありがたき**

ここが能「高砂」の核心に当たります。「このように静かで平和な日本の国に生まれ、相生の松のように仲良く、豊かに暮らしていけるのは、天皇にお治めいただいている神国の恵みのおかげなのである。天皇の恵みは誠にありがたいことだ」ということです。昔の人々は、この神国日本に生まれたことへの祝福と感謝を捧げるという、能「高砂」の趣旨全体を理解したうえで、「高砂や～♪」の部分を謡っていたのです。

つまり、新しい若い男女が夫婦の誓いの盃事をなすその時に、必ず両家の長老たちが高砂の祝言の謡を和す、そのもう一つの意味は、ここにあったのです。能役者が結婚式に招かれた時は、こちらの「四海波《しかいなみ》」が謡われることがありますので、ご承知おきを。

# 4　歌舞伎《かぶき》と文楽《ぶんらく》

## 日本人の道徳心を育んだ江戸時代の二大芸能

### 幕府の禁制によって思わぬ進化を遂げた「歌舞伎《かぶき》」

安土桃山時代を経て、戦国の世も終わり、泰平の兆しが見え始めた京の都に、奇抜《きばつ》で意表を突いた装束《しょうぞく》と振る舞いの「かぶき踊り」なる新しい風俗が発生します。

ここに、出雲の巫女《みこ》と称する出雲阿国《いずものおくに》という女性が登場します。派手な衣装を身にまとって男装をし、神楽や念仏踊り、茶屋で遊ぶ様子などを演じたところ、「かぶき踊り」と呼ばれて、大変な人気を博したのです。時は、関ヶ原の合戦が終わり、徳川家康が征夷大将軍になった慶長八年（一六〇三年）のことでした。

かぶきは「傾《かぶ》く」から派生した言葉です。かぶき者というと、もともとは、奇抜で意表を突いた身なりをし、風変わりな行動をする者のことを指していました。阿国は、そうしたかぶき者の姿を真似て、派手で斬新な風俗を舞踊に取り入れたため、かぶき踊りと呼ばれたわけです。

阿国に続けとばかりに、多くの女性芸人や遊女たちが、琉球からもたらされた三味線を伴奏にしてかぶき踊りを始め、京だけでなく江戸や地方の遊里《ゆうり》でも流行します。彼女たちの舞踊は、いささか風紀を乱す恐れがあるとの理由で、江戸幕府は「女歌舞伎《おんなかぶき》（遊女歌舞伎）」を禁じます。

すると今度は、少年男子が演じる「若衆歌舞伎《わかしゅかぶき》」が流行《はや》るのですが、少年の艶《つや》な姿が衆道《しゅどう》（男色）を誘うとのことで、これもまたご法度《はっと》になってしまいます。ならば、成人男子だけが演じるのならよかろうということで、「野郎歌舞伎《やろうかぶき》」の時代に入っていくわけです。これが、歌舞伎の元祖は女性なのに、男性だけで演じられるようになった経緯です。

ただ、これがかえって歌舞伎の芸風を洗練させ、成熟させていくことになります。つまり、風紀を乱す要素を取り除くことで、筋書きそのものを楽しむ演劇「続き狂言」●が発展していったのです。それ故、演技術の進歩も促されることになります。たとえ

●**続き狂言**　長い物語を幾つかの幕に分けて上演する作品のこと。

ば、女方（女性役を演じる役者）は、若衆歌舞伎の時代には演技より容姿が重視されていましたが、演技において女性らしさを表現する方向へ転換し、さまざまな演技術が編み出されていったのです。また、寸劇が多幕物《たまくもの》の構成に進化するに伴って、幕が使用されるようになり、花道《はなみち》・迫《せ》り・回《まわ》り舞台などの仕掛けも工夫されていきました。

やがて五代将軍・徳川綱吉の治世《ちせい》になり、平和と豊かさを背景に元禄文化が花開くと、歌舞伎は、上方《かみがた》（京・大坂）と江戸でそれぞれ大きく発展していきます。

江戸では、歴史上の人物に仮託した「時代物《じだいもの》」の筋立《すじだ》てで、武勇や忠義を主題とした、豪快な演出の芝居が当たります。この芸風を「荒事《あらごと》」と呼び、たとえば、源義経と弁慶主従の忠義を描いた「勧進帳《かんじんちょう》」が有名です（口絵参照）。特に、初代・市川團十郎《だんじゅうろう》が荒事を得意とし、その後、七代目・市川團十郎が、市川宗家《そうけ》のお家芸として「歌舞伎十八番」（略して十八番《おはこ》）を定めて、荒事歌舞伎の規範としています。

一方、上方では、当世の恋愛や人情話を主題とした「世話物《せわもの》」の筋立てで、優美な演出の芝居が流行ります。こちらは「和事《わごと》」と呼ばれています。和事を得意としたのは初代・坂田藤十郎《とうじゅうろう》です。藤十郎は、高貴な身分の人物が、身分を隠すためや、遊女通いが過ぎて勘当されたなど、訳あって落ちぶれた様子を演じる「やつし」と呼ばれる設定の役を演じて、人気を博しました。脚本では、近松門左衛門が、藤十郎のために「傾城《けいせい》仏《ほとけ》の原」「傾城壬生《みぶ》大念仏」など、数多くの作品を書いています。

なお、歌舞伎は、現在も進化し続けている伝統芸能です。明治時代以降、欧米の演劇や小説に影響を受けた作品もつくられており、戦前までのものは「新歌舞伎」、戦後のものは「新作歌舞伎」と呼ばれています。さらに、現代風の演出の「スーパー歌舞伎」も上演されており、市川猿之助《えんのすけ》一門の「ヤマトタケル」「オグリ」「オオクニヌシ」をはじめとして、最近

演目「与話情浮名横櫛《よわなさけうきなのよこぐし》」（源氏店の場）平成15年（2003年）6月　国立劇場大劇場
世話物の名作の一つ。
（左）切られ与三郎　四代目 中村梅玉　（中）お富　五代目 中村時蔵
（右）和泉屋多左衛門　六代目 中村東蔵

では人気漫画『ワンピース』とコラボした作品が上演され、話題になっています。そもそも、最新の流行を取り入れて歌舞伎が誕生したという、その出発点を思えば、これも当然の進化と言えるのではないでしょうか。さらなる進化を期待したいところです。

## 世界唯一の高度な人形劇「文楽《ぶんらく》」

話を江戸時代に戻しましょう。大坂では、この歌舞伎の隆盛と呼応して、人形浄瑠《じょうる》璃《り》も興ってきます。

「人形」と「浄瑠璃」は、もともとは別の芸能でした。太夫《たゆう》と呼ばれる語り部が三味線の伴奏で物語を語る浄瑠璃と、人形芝居とが出合い、江戸初期に人形浄瑠璃が成立したと言われています。そして、歌舞伎と競合しながら、時に多くの演目を共有しつつ、その表現方法の違い故に、それぞれ異なる芸風を高めていきました。

たとえば、「勧進帳《かんじんちょう》」という歌舞伎の演目は、能の演目「安宅《あたか》」をもとにつくられたものですが、人形浄瑠璃もこれを取り入れて、同じ「勧進帳」という演目（外題《げだい》）で上演しています。

一方、赤穂浪士《あこうろうし》による討ち入り事件は、（先に歌舞伎の「傾城阿佐間《あさま》曽我」の大詰の演出に取り入れられましたが、本格的には）まずは人形浄瑠璃で「仮名手本忠臣蔵」として上演されています。これが当たると、すぐに歌舞伎にも取り入れられ、以後、どちらでも数多く上演されてきました。

また、大坂の曽根崎神社で心中《しんじゅう》事件が起きて、わずか一カ月後にそれを題材とした「曽根崎心中」が人形浄瑠璃にて上演されると、ただちに歌舞伎もこれを演じて、ともに人気を博し、幕府が心中物を禁じるまでになっています。

このように、人形浄瑠璃の演目が歌舞伎の演目になったものを「丸本《まるぼん》歌舞伎」と呼んでいます。

演目「仮名手本忠臣蔵」（引き揚げの場）
平成22年（2010年）12月　国立劇場大劇場
（左）石堂右馬之丞　四代目 市川左團次
（右）大星由良之助　九代目 松本幸四郎

人形浄瑠璃は、歌舞伎と刺激し合いながら発展し、元禄時代には最盛期を迎え、江戸でも上演されるようになります。しかし、水野忠邦《ただくに》による天保の改革の時、倹約令のあおりを受けて衰退。その後、幕末になって植村文楽軒が始めた文楽座によって再興されたことから、人形浄瑠璃は「文楽《ぶんらく》」と呼ばれるようになり、今日ではこれが正式名称になっています。

さて、同じ演目でも、歌舞伎と文楽とでは、その演出は異なります。あえて違いを述べるとするなら、歌舞伎のほうは、役者の派手な衣装や演出で「視覚」に訴えるものが多いのに対して、文楽のほうは、まず太夫の語りと三味線の伴奏で「聴覚」に訴えるものがあり、それに人形の演出が「視覚」に加わってくるという点でしょうか。

また、文楽の特徴は、太夫・三味線・人形遣いの三者が一体となって物語を進めていくことにあります。これは「三業《さんぎょう》一体」と呼ばれ、世界的に見ても例のない形式です。太夫が人情の機微を語り、それに三味線の奏でる脈拍のような音色が加わり、物語を盛り上げます。さらに（主要な）人形は、一体につき三人の人形遣いがついて巧みに操り、心の機微まで細かく表現し、まるで生きているかのように振る舞うのです。

演目「曽根崎心中」(天満屋の段)
平成22年(2010年)2月　国立劇場小劇場
(上)天満屋お初　三代目 吉田蓑助
(下)手代徳兵衛　三代目 桐竹勘十郎

演目「天網島時雨《てんのあみじましぐれの》炬燵《こたつ》」(北新地河庄の段 切)
平成18年(2006年)2月　国立劇場小劇場
(左)太夫　七代目 竹本住大夫　(右)三味線　五代目 野澤錦糸

アメリカ出身の日本文学者ドナルド・キーン氏は、「文楽は日本の芸術の中でもっとも特異なものです。子供向けの人形芝居はあらゆる国にありますが、脚本の文学的価値はゼロです。しかし文楽は脚本に文学上の傑作が書かれた、世界で唯一の人形芝居です」（二〇一二年六月十九日付産経新聞）と述べています。

## 歌舞伎と文楽には、日本人の道徳観が表れている

歌舞伎と文楽は、大衆芸能として広く庶民に親しまれてきましたが、いずれも物語の主題としては、忠義や親孝行、義理、人情など、道徳的な内容を含んだものが多いと言えます。

人として果たさなければならない正義、家臣が主君に示すべき忠節、それらを果たすべき勇気と知恵、子がなすべき孝行、親子の情愛、夫婦の愛情、そして武士の情けなど、こうした徳目を私たちの先祖は、歌舞伎や文楽を通して学んでいたのです。

日本人最初の国際人と言われる新渡戸稲造は、その代表的著作『武士道』の中で、忠義の例として「菅原伝授手習鑑《すがわらでんじゅてならいかがみ》」という演目を取り上げ、武士道は、江戸時代、歌

舞伎や文楽などを通して商人や農民の間にも浸透していたことを示唆しています。

明治維新直後に日本を訪れた外国人たちは、日本人が庶民に至るまで礼儀正しく、知識や教養を備えていることに驚きましたが、その背景には、寺子屋だけでなく、歌舞伎や文楽の影響もあったのです。

# 終章

# 建築と工芸と芸能の輝き

神国日本文化の輝きについて、建築と工芸と芸能とについて、ご紹介をさせていただきました。

それぞれの分野の文化に共通していることは、日本の文化は神仏に奉《たてまつ》られた文化である、ということです。神仏が望まれるであろう世界を、日本の建築・工芸・芸能は具現化しようとしているのです。悠久《ゆうきゅう》の歴史と平穏な国土にあって、匠《たくみ》たちは永遠の美を探究する機会と環境に恵まれて、先人の精華をさらに洗練させて、ついに永遠の美の域に達したのでした。そして、これらを修行の場と見立てて、己れの今世の魂の精進にも励んできました。

各分野ならではの聖なる輝きの特徴をまとめてみましょう。

## 建築の輝き

建築においては、式年遷宮《しきねんせんぐう》によって古代の様式をそのままに永遠に残していくことに成功しています。法隆寺をはじめとする伽藍《がらん》もまた、百年毎の大修理によって、その姿を永遠に残しています。地震大国にあってなお、現代の最先端の建築以上に、柔《じゅう》構造であったことなどは驚異的です。全国の宮大工の方々の技は、現在も健在です。

草庵茶室は、極限の寸法の空間に、際限のない広がりを獲得しました。決められたお点前《てまえ》の所作の中に、悠々自適なる境地を獲得しました。空間と時間が、寸法と所作と光を絞り込み、自然の素材の取り合わせによって、永遠の空間と永遠の時間を得ることを、幽玄《ゆうげん》なる妙味を醸し出すことができることを、茶室は証明したのでした。

数寄屋《すきや》は、「真《しん》」なる書院の規範の中に、「草《そう》」なる侘《わ》びの風情を取り合わせて、「行《ぎょう》」なる優雅・風雅を創造しました。施主と棟梁との感性と教養の競合によって、それは日本文化の「粋《すい》」と言える、芸論にも通じる、奥深い境地に、洗練の域に達しました。

草庵茶室と数寄屋をつくる、全国の数寄屋大工の方々の技は、現在も健在です。

では、これらを発注する施主は健在でしょうか。でありますので、皆様におかれましては、何卒、これら木造の社寺・書院・草庵茶室・数寄屋建築にご注目を願います。これらは大切な神国日本文化の輝きです。国の宝です。憧れていただき、ご賞味いただき、ご発注をいただきたく存じます。施主として普請工事に関わり、棟梁や職人さんと語り合う中で、神国日本文化の妙味を、味わい、学ぶものです。

これらに共通しているのは「木の建築文化」であることとです。檜《ひのき》・杉・松・桐《きり》・欅《けやき》・竹……それぞれに個性あふれる木の素材の姿・風合い・皮・面・木目・輝きから、多くのことを私たちは学び、多くの恵みを得てきました。たとえば床柱や天井の柾目《まさめ》や杢目《もくめ》に、日本人は水墨画の景を見たり、人生の風雪を見たりもします。これらの感性も日本人として学ぶべき教養です。

木目の妙味がわからない進駐軍将校はこれをペンキで塗ってしまったとのこと。ただし、将校の中にはその木目の妙味が判《わか》る人もいたとの由《よし》。さて現代の私たち日本人は、どちらのほうの人が多いでしょうか。せっかくの木目をペンキで塗るような無教養ではいけません。

そして、建築は人に対して感化力があります故《ゆえ》、これらの木造の書院・茶室・数寄屋に住んでこそ、あるいは嗜《たしな》んでこそ、日本人としての境地もまた一層に、深まり、高まるものと存じます。神国日本文化から「木の建築の文化」を絶やしてはなりません。いざという時に、数寄屋の、庭のたたずまいや座敷の床柱や床框《とこがまち》、落掛《おとしがけ》や長押《なげし》や天井板などの風情を誉《ほ》めることができることが、本来の粋《いき》な大人の教養でもありました故。

なお岩崎は、「日本の伝統文化を真に継承する建築家にならん」と志しております建築家（一級建築士）でありますので、今後も神仏の善《よ》きお導きとご縁に恵まれましたならば、神国日本にふさわしい木造建築を設計させていただきたいと考えております。

## 工芸の輝き

工芸においては、その特徴は何と言っても、本当に心の込もった手仕事であることでしょう。ひと手間ごとに、心を込めてつくる時、その人の心から雑念が取り払われ、無心となって、充実した幸福感に満たされていると察せられます。また無心の心となって打ち込まなければ、善《よ》いものは生まれないと教えられていると察せられます。

そして、それは神仏へ捧げられたものづくりであろうと察せられます。どんな時も、神仏がご覧になっている、御照覧なされている、故に一針も疎かにはできない、という覚悟であろうと存じます。神国日本の匠たちは神仏のために働いているのです。神国日本の工芸は神仏のために奉《ささ》げられているのです。故《ゆえ》に尊いのです。故《ゆえ》に輝いているのです。

皆様におかれましては、若い方々に、その手仕事の尊さ、その手仕事に打ち込む幸せを、是非とも語っていただきたいと存じます。もし、あてもなく高校・大学と進学するも、目標を見つけられない若者で、ものづくりに興味がある方がいるならば、工芸への道をお薦《すす》めいただきたいと存じます。

心ある皆様には、少し高価であっても、是非とも神国日本の本物の工芸をお買い求めいただき、日常にご使用いただきたいと存じます。本物の工芸は、これもまた使う人々に感化力を発揮します。本物の工芸は、本物とはどのようなものかを、それを使う人に教えます。やがて本物の仕事、本物の人物を、本物の人生への選択を見分けることができるようになります。結果として、その人を本物の日本人に育てていきます。本物の工芸は開運にもつながります。

いざという時に、陶磁器や漆器が見分けられ、和服で出陣でき、一流の料亭の懐石《かいせき》料理で客人をもてなすことができることが、本来の粋な大人の教養でもありました故。

## 芸能の輝き

芸能においては、まずは多くの芸能が神仏に奉納されるものであったということです。人に見せる以前に、神仏にご覧いただく、神仏に喜んでいただく、そして神仏とともに、善《よ》き国に生まれさせていただいたことを祝う、言祝《ことほ》ぐ「神舞《かみまい》」であり「神事」でありました。

やがて、物語性のある演劇「能」「狂言」が登場していきますが、その舞台は神楽殿《かぐらでん》に橋を架けただけの極めて象徴的な構成でありました。物語を演じていながら、表現しているのはそこに込められた「神意」「仏法」「鎮魂」「歌学」「無常」などなどでありました。「喜怒哀楽」を表現しようとするよりも「悟り」を求めての演劇でありました。

さらに、世俗的な演劇「歌舞伎」「文楽」となっても、そこには娯楽でありながら教育的な要素のある物語が好まれました。義と忠、忠と孝、そして男女の情愛、親子の情愛が相反する時、どのような悲喜劇が起こるのか。人は如何にして生きるべきなのか。そして讃えられるべきは「義」「勇」「智」「愛」などであり、私たちは物語に

「あはれ」「あっぱれ」と涙を流しながら、さらなる「仁徳」の輝きへと導かれていくのです。

日本の芸能もまた、正しい強い優しい日本人をつくってきたのです。故にこそGHQがその効用を恐れて、それらの上演を禁止したのでした。

なお、邦楽は、洋楽とは異なった音階・拍子・間合いの感性に満ちています。学校ではオルガンなどの鍵盤楽器で音楽を学び始めますが、ご家庭では、何卒、お子様を早いうちから神楽・雅楽・能・狂言・歌舞伎・文楽にお連れいただき、あるいはテレビを通じて、耳から、目から、その邦楽の感性を養っていただきますようにお願い申し上げます。

また、これらの日本の芸能は、大人になってこそ、その本当の意味が判るものです。子供のためにはつくられていません。子供には本当の良さが判らないのです。これらは大人のための芸能です。でありますから、大人になってからこそ、折に触れて、神楽・雅楽・能楽・狂言・歌舞伎・文楽などを、さらには舞踊・長唄・地歌《ぢうた》（地唄）・哥《うた》澤《ざわ》・新内《しんうち》・小唄《こうた》・端唄《はうた》・都都逸《どどいつ》・浪曲《ろうきょく》・講談・落語などなど、日本の芸能を学び続けていただきたいと存じます。

いざという時に「一指《ひとさし》、舞ってみせましょう」「一節《ひとふし》、謡《うた》ってみせましょう」と、一芸を披露できることが、本来の粋な大人の教養でもありました故。

そして、今も新しい伝統芸能がつくり続けられています。新作雅楽、新作能、新作狂言、新作歌舞伎、新作文楽などが続々と創作され、上演されています。海外での公演も数えられないほど行われ、ヨーロッパ、アメリカ、アジアなどの方々のファンも増え続けています。私たちも負けてはおられません。

以上、建築・工芸・芸能の各分野を巡る旅は、ひとまず、これにてお開きとさせていただきます。皆様お疲れ様でした。如何でしたでしょうか。共に学ばせていただいた神国日本文化の輝きを、私たちもそれぞれの立場において、また職場において、日本人としての「匠」となって、その道に励んでいきたいものです。学び合い、語り合い、さらにつくり上げていきたく。またのご案内の機会にお目にかかりましょう。

ありがとうございました。

# おわりに

神国日本文化の輝きについて、本書では、特に建築と工芸と芸能に絞って、その「美」を軸に、ご紹介をさせていただきました。如何でありましたでしょうか。さまざまな善き言葉が抽出《ちゅうしゅつ》されたのではないかと存じます。それらの善き言葉の総体が神国日本文化の輝きの光です。

そして、これらに従事する人々こそが、それらの道を通じて、神々に近づき、徳高い人となっていく、導かれていくのです。人々が輝きの光の担い手であります。

私たち日本人は、建築や工芸や芸能をはじめとする、様々な仕事に打ち込まんとするにあたって、その道に入門し、その技を稽古《けいこ》し、その心を磨き、精進していきます。守破離《しゅはり》とも言われるように、まずは師匠や先人の教えや型を守り、やがて弟子をも教えていく中で、その時代の技術を取り入れ、創意工夫を重ね、型を破り、独自の境地を創造していきます。その真の目標は、より徳の高い人となることでありましょう。

神国日本文化の輝き、それは感化力です。それは教育力です。それは救済力です。

神国日本文化には、神々の威徳が込められているのです。それが輝きの根源です。さすれば、日本に生まれ、それを授かった日本人の、また、神縁《しんえん》あって日本人になっていただいた方々をも含めての、世界に対する使命も明確です。

皆様と共に、神国日本文化の輝きを学び、世界を照らし、導いていきましょう。

そして、皆様お一人おひとりが、その「輝き」となっていきましょう。

ありがとうございました。

この書籍の出版にあたっては、特に画像のご提供において、宮内庁・国立劇場・裏千家御家元・観世宗家・野村万作の会・曼殊院門跡《まんしゅいんもんせき》・高台寺・東京国立博物館・徳川美術館・三井記念美術館さまをはじめ、多くの方々のご協力を賜わりました。心より感謝申し上げます。

この書『神国日本文化の輝き』を、天照大御神《あまてらすおおみかみ》さまと豊受大神《とようけのおおかみ》さまに奉《ささ》げさせていただきます。

平成二十八年　五月の七の日

岩崎正彌《いわさきまさや》

# 『世界に誇る 神国日本文化の輝き』参考文献一覧


## 全体

大川隆法著『日本建国の原点』（幸福の科学出版、2015）

大川隆法著『日本神道的幸福論』（幸福の科学出版、2014）

岩崎正彌著『日本礼法論 序説』（皇學館大学出版部、2014）

岩崎正彌著『文化政策論 序説』（皇學館大学出版部、2016）

## 第一章

坂本太郎ほか校注『日本古典文学大系67 日本書紀 上』（岩波書店、1968）

坂本太郎ほか校注『日本古典文学大系68 日本書紀 下』（岩波書店、1978）

神宮司廳編『神宮』（神宮司庁、2007）

神宮司廳広報部編『第六十二回神宮式年遷宮へ向けて 神宮暦』（神宮司庁、2011）

河合真如著『常若の思想 伊勢神宮と日本人』（祥伝社、2013）

鎌田純一著『神道概説』（学生社、2007）

葦津珍彦著『神国の民の心』（現代古神道研究会、1986）

倉野憲司校注『古事記』（岩波文庫、1963）

倉野憲司校注『日本古典文学大系1 古事記 祝詞』（岩波書店、1958）

竹田恒泰著『現代語 古事記』（学研、2011）

中村幸弘、西岡和彦著『「直毘霊」を読む』（右文書院、2001）

西岡常一、青山茂著『斑鳩の匠 宮大工三代』（平凡社、2003）

西岡常一、小川三夫、塩野米松著『木のいのち　木のこころ』（新潮文庫、2005）
西岡常一、高田好胤、青山茂著『蘇る薬師寺西塔』（草思社、1981）
塩野米松著『鵤工舎の仕事』（文芸春秋、2008）
佐佐木信綱編『新訂 新訓・万葉集　上』（岩波文庫、1954）
佐佐木信綱編『新訂 新訓・万葉集　下』（岩波文庫、1955）
太田博太郎著『新訂　図説日本住宅史』（彰国社、1971）
太田静六著『寝殿造の研究』（吉川弘文館、1987）
小島憲之、新井栄蔵校注『新 日本古典文学大系5　古今和歌集』（岩波書店、1989）
中村昌生著『図説 茶室の歴史』（淡交社、1998）
谷晃著『わかりやすい茶の湯の文化』（淡交社、2005）
ブルーノ・タウト著『日本美の再発見』（岩波新書、1962）

## 第二章

紫式部著／与謝野晶子訳『全訳源氏物語 中巻』（角川文庫、1971）
京都国立博物館編『japan 蒔絵 宮殿を飾る東洋の燦めき』（読売新聞大阪本社、2008）
徳川美術館編『燦く漆蒔絵 初音調度の源流を求めて 秋季特別展』（徳川美術館、1993）
三井記念美術館編『華麗なる〈京蒔絵〉三井家と象彦漆器 特別展』（三井記念美術館、2011）
淡交別冊1992年11月号『漆の美』（淡交社、1922）
谷崎潤一郎著／篠田一士編『谷崎潤一郎随筆集』（岩波文庫、1985）
東京国立博物館編『日本の陶磁』（東京国立博物館、1985）
サントリー美術館編『日本の名碗一〇〇』（サントリー美術館、1986）

樂吉左衛門著『樂焼創成　樂ってなんだろう』（淡交社、２００１）
ＮＨＫプロモーション編『乾山の芸術と光琳』（ＮＨＫプロモーション、２００７）
東洋陶磁美術館編『東洋陶磁の展開』（大阪市美術振興協会、１９９９）
湯木貞一、辻静雄、入江泰吉著『吉兆料理花伝』（新潮社、１９８３）
全日本きもの振興会編『きもの文化検定公式教本Ⅰ　きものの基本』（ハースト婦人画報社、２０１１）
全日本きもの振興会編『きもの文化検定公式教本Ⅱ　きもののたのしみ』（世界文化社、２００８）
泉屋博古館編『厳島神社の刀剣 特別展』（泉屋博古館、２００８）
小笠原信夫著『日本刀』（文春新書、２００７）
南里空海著『伊勢の神宮 御装束神宝』（世界文化社、２０１４）

### 第三章

笹本武志著『はじめての雅楽』（東京堂出版）
皇室 our imperial family 編集部編『宮内庁楽部 雅楽の正統』（扶桑社、２００８）
紫式部著／与謝野晶子訳『全訳源氏物語 中巻』（角川文庫、１９７１）
清少納言著／池田亀鑑校訂『枕草子』（岩波文庫、１９６２）
鈴木明夫著『奥処目ざして　神宮雅楽五十年』（鈴木明夫、２００８）
世阿弥著／野上豊一郎、西尾実校訂『風姿花伝』（岩波文庫、１９５８）
白洲正子、吉越立雄著『お能の見方』（新潮社、２００８）
野村萬斎著『野村万斎 What is 狂言?』（檜書店、２００３）
小山弘志ほか校注・訳『日本古典文学全集33　謡曲集Ⅰ』（小学館、１９７３）
小山弘志ほか校注・訳『日本古典文学全集34　謡曲集Ⅱ』（小学館、１９７５）

奥田勲ほか校注・訳『新編日本古典文学全集88 連歌論集・能楽論集・俳論集』（小学館、2001）
『歌舞伎 歌舞伎の魅力大辞典』（講談社、1981）
歌舞伎学会編『歌舞伎の歴史――新しい視点と展望』（雄山閣出版、1998）
山川静夫著『文楽の女』（淡交社、1994）
吉田玉男、山川静夫著『文楽の男』（淡交社、2002）
新渡戸稲造著／矢内原忠雄訳『武士道』（岩波文庫、1938）

写真提供：［カバー］ © dwph-Fotlia.com、© siro46-Fotlia.com、© mtaira-Fotlia.com、［口絵］ © Cahaya Images-Fotlia.com、© Tsuboya-Fotlia.com、淡交社、森本錺金具製作所／水野克比古写真事務所、徳川美術館所蔵 ©徳川美術館イメージアーカイブ/DNPartcom、象彦、高台寺、十三代目 中村宗哲、川島織物セルコン、長艸繍巧房、千總、小宮染色工場、芭蕉布織物工房、Image：TNM Image Archives、三井記念美術館、樂美術館、岡田美術館、柿右衛門窯、時事、シテ（天女）観世清和／観世宗家事務所、万作の会／撮影：政川慎治、国立劇場、［本文］ © MACHIRO TANAKA/SEBUN PHOTO/amanaimages、© west/a.collectionRF/amanaimages、© mtaira-Fotlia.com、© taro-Fotlia.com、© Tsuboya-Fotlia.com、淡交社、曼殊院門跡、香川県栗林公園観光事務所、© key05-Fotlia.com、宮内庁正倉院事務所、小宮染色工場、時事、国立能楽堂、国立劇場

協力：能楽協会、茂山狂言会、日本俳優協会、人形浄瑠璃文楽座むつみ会

装丁：庄村香子、上田あい

編集協力：村上真

**著者＝岩崎正彌**（いわさき・まさや）

皇學館大学 現代日本社会学部（伝統文化分野）准教授。一級建築士。茶の湯文化学会理事。1959年東京生まれ。早稲田大学理工学部建築学科卒業、同大大学院建設工学専攻修士課程修了。内井昭蔵建築設計事務所に入社し、一宮市博物館、浦添市美術館、吹上新御所、京都迎賓館（計画）等を担当する。平安建都1200年記念協会常任参与、池坊短期大学助教授・教学部長等を経て、2010年より現職。著書に『日本礼法論 序説』『文化政策論 序説』（皇學館大学出版部）。教科書『中学社会 新しいみんなの公民』（育鵬社）の「日本の伝統文化 一覧表」を担当。

**世界に誇る 神国日本文化の輝き**

**建築・工芸・芸能**

---

2016年 5月 24日　初版第1刷

**著　者　岩崎 正彌**

発行者　佐藤 直史

発行所　幸福の科学出版株式会社

〒107-0052　東京都港区赤坂2丁目10番14号
TEL（03）5573-7700
http://www.irhpress.co.jp/

印刷・製本　中央精版印刷株式会社

落丁・乱丁本はおとりかえいたします

ISBN978-4-86395-789-3 C0095

大川隆法ベストセラーズ

## 日本の美点を見直す

### 日本建国の原点

この国に誇りと自信を

二千年以上も続く統一国家を育んできた神々の思いとは——。日本神道の縁の地で語られた「日本の誇り」と「愛国心」がこの一冊に。

1,800円

### 日本神道的幸福論

日本の精神性の源流を探る

日本神道は単なる民族宗教ではない。日本人の底流に流れる「精神性の原点」を探究し、世界に誇るべき「大和の心」とは何かを説き明かす。

1,500円

※表示価格は本体価格（税別）です。

## 大川咲也加　著作シリーズ

# スピリチュアル 古事記入門（上巻）

日本の神々のほんとうの姿とは？　神話に隠された古代史の秘密とは？　日本の原点である『古事記』の神話を現代人のために分かりやすく解説。

1,300円

# スピリチュアル 古事記入門（下巻）

国造りを行った古代の天皇たちの願いとは？ 仏教受容のほんとうの意図とは？ 下巻では、神武天皇から日本武尊、聖徳太子までの歴史を解説。

1,300円

# 新・神国日本の精神

真の宗教立国をめざして

先人が国づくりに込めた熱き思いとは？ 明治憲法制定に隠された「歴史の真相」と「神の願い」を読み解き、未来を拓くための「真説・日本近代史」。

1,500円